AF452358

LA MORT DE MANLIE,

TRAGEDIE.

Dediée à Monseigneur le Duc d'Espernon.

Par M. DE NOGVERES.

A BOVRDEAVX,

Par Iacq. Mongiron Millanges
Imprimeur ordinaire du Roy 1660.

Auec Priuilege.

SONNET AV LECTEVR.

LEcteur tu connoiſtras dans ce mauuais ou-
    urage
D'vn rude coup d'eſſay les plus groſſiers défauts,
N'en donne pas pourtant vn ſentiment volage,
Tu pourrois aiſement faire vn iugement faux ;

Si tu le peux trouuer digne de ton ſuffrage,
Reſerue tout l'honneur de mes premiers tra-
    uaux
Au Prince, au Colonel à qui ie rends homage,
Qui dans tout l'vniuers trouue ſi peu d'égaux.

Ie n'ay peu conceuoir le deſir de bien faire,
Qn'aprés auoir formé le deſſein de luy plaire,
Mais ne m'oblige pas à repeter ſon nom ?

Sous ces tiltres ſacrés, ſuiuis de ton eſtime,
De fameux Colonel, de Prince Magnanime,
Ne reconnois-tu pas LE GRAND DVC D'ES-
PERNON.

ACTEVRS,

TORQVATE MANLIE Conſul Romain.

MANLIE fils de Torquate, amant de Decia.

TVLLE Romain, riual de Manlie.

MANLIA ſœur de Manlie, amante de Tulle.

DECIA amante de Manlie, fille de Decie Conſul Romain.

ÆMILE confident de Torquate Manlie.

ÆMILIE confidente de Manlia.

LVCRESSE confidente de Decia.

Vn Soldat.

La Scene eſt aux portes de Rome, où
eſtoit campée l'Armée Romaine.

LA

LA MORT
DE
MANLIE
TRAGEDIE.

ACTE I.

SCENE I.

TORQVATE, MANLIE, ÆMILE.

TORQVATE.

VY, ouy, i'ay lieu de craindre, il n'est plus vn seul homme,
Qui ne semble aspirer à la perte de Rome,
Pour vn foible ennemy qu'a peine elle a soumis

L'on va voir souſleuer mille autres ennemis,
Le Gaulois ſe retire, & le Latin s'auance
L'eſtat preſent de Rome enfle ſon eſperance
La veüe de nos meurs a demy demolis
Nos Autels renuerſez, nos Dieux enſeuelis,
Nos vieillards maſſacrés, l'horreur & le carnage,
Dont elle eſt encor pleine, ont ſuſcité ſa rage,
Il forme contre nous ſes plus lâches deſſeins,
Et le ſang répandû des plus braues Romains
L'altere de celuy d'vn pitoyable reſte
A qui tout eſt a craindre a qui tout eſt funeſte,

MANLIE.

Ce diſcours me ſurprend?

TORQVATE.

                              Aprens ſa lacheté
A chercher les moyens de rompre le traité,
voy ſous quel artifice & par quelle inſolence
Il vient de violer les droits de l'alliance,
Enfin dans le reçit de ſes conditions
Aprens quel eſt l'orgüeil de ſes pretentions,
Il veut dans ſa Prouince, il veut dans Rome meſme
Partager auec nous l'authorité ſupreme,
Entrer au Capitole, & que nos Senateurs
Soient partie romains, & partie des leurs,
Qu'vn Conſul ſoit de Rome, & l'autre de leur Ville,
Tout autre offre (dit-il) nous ſeroit inutile,
Qu'à moins de l'accepter, il n'eſt plus de traité,
Et qu'il faut diſputer l'entiere authorité,
Qu'il a trop reconnu de force dans ſa terre
Pour ne pas s'aſſeurer du ſuccez de la guerre;

Qu'il vient de surmonter le Samnite trop vain,
Qu'aussi facilement il vaincra le Romain,
Qu'il vient de contracter des fortes alliances
Qui sont a son dessein des nouuelles puissances
Que tous les Sidicins, & tous les Capoüans
Viendront accompagner ses drappeaux triom-
    phans ?
Mais plustost qu'a ses vœux l'on m'ayt veu con-
    descendre,
Me puissent tous les dieux faire reduire en cédre
Et si ie n'ayme mieux, Rome a bas, que de voir,
Ce partage vsurpé de l'absolu pouuoir.

MANLIE.

L'orgueil va dans l'excez, mais nous pourrions
    l'abatre
Sçait-il qu'il est encor des Romains à combattre
Que ce seul nom fameux encore à redouter
Pourroit sans grand secours le vaincre & l'a-
    rester ?
Rome consentiroit à ce honteux partage,
Et receuroit des loix de qui luy doit hommage,
Rome se détruiroit par cét accord fatal,
Et d'vn peuple sujet en feroit son égal ?
Ah plustost perissons & tombons auec elle,
Que d'accepter ainsi l'offre de ce rebelle !

TORQVATE.

Ton courage me plait dans ce dernier malheur,
Ou ie veux que ton bras authorize ton cœur ?
Viens contre le latin acquerir de la gloire,
Arracher de son sein l'espoir de la victoire
Luy monstrer la valeur du reste des Romains

Punir ſon arrogance, & brauer ſes deſſeins,
Te faire voir mon fils, & dedans le carnage
Contre vn peuple barbare éprouuer ton cou-
     rage,
Pour m'en rendre témoin combattre à mou
     coſté ;
Enfin conſeruer Rome & ſon authorité ?
Tu peux par ta valeur, ie peux par ma conduitte
Changer l'Eſtat preſent ou tu la vois reduitte,
Le gain d'vn ſeul combat la remet a demy
Luy donne le loiſir de voir ſon ennemy
D'en arreſter l'approche, & i'oſeray plus dire
Sans doute elle vaincra pourueu quelle reſpire.

MANLIE.

Seigneur dans vn employ qui m'eſt ſi glorieux
Ie dois tout eſperer de la bonté des dieux
Pour vaincre, c'eſt aſſez d'eſtre fils de Manlie
Et de n'oir ſouſtenir l'honneur de ſa patrie ;
Le Gaulois n'a cedé qu'a ſon puiſſant deſtin,
Par luy facilement nous vaincrons le Latin,
Le deplorable eſtat ou ie la conſidere
Loin de m'intimider fait qu'encore i'eſpere,
Si Rome euſt deu perir, Rome ne ſeroit plus
Et n'euſt pû reſiſter aux coups qu'elle a reçeus,
Aprés que l'ennemy dans ſes propres entrailles
Couuert du ſang des ſiens, d'horreur, de funerai-
     lés ,
N'a pas pû la ſoumettre, & que dans vne tour
Trois Romains renfermez l'ont contraint au
     retour ;
Aprés qu'elle s'eſt veuë a demy conſumée,
N'eſtre parmy le ſang que flame, & que fumée,
Et qu'elle a ſubſiſté par ſon puiſſant deſtin

DE MANLIE.

Deuons nous redouter l'aproche du Latin,

TORQVATE.

Nous deuons redouter sa ruine & sa perte ?
Pouuons nous resister s'il viét à force ouuerte?
Que sera Rome entiere & que ferons nous tous,
S' sans perdre de temps il pousse iusqu'a nous
Et si par sa surprise il ne nous peut permettre
Ny de nous renforcer, ny de le reconnoistre.

MANLIE.

Pour quelque empressement qu'il mette à s'a-
    uancer
D ns ce mesme dessein il faut le deuancer,
Plustost que luy partir, occuper le passage,
A donner le combat prendre son auantage,
Cependant Rome aura le temps de respirer,
Celuy de se remettre, & de tout esperer.

TORQVATE.

Ton aduis est le mien, & le plus salutaire,
Va donc te preparer à partir & bien faire,
Iusqu'à ce que ie puisse au long t'entretenir
De l'ordre qu'il te faut obseruer, & tenir,

MANLIE.

Quoy que l'hymen conclu se rompe ou se dif-
    fere
Ie suis moins mon amour, que les loix de mon
    pere,
Bien qu'il me soit cruel de voir en mesme iour,

A 3

Que ie perds, que i'obtiens le fruict de mon
　　amour,
Puis que vous le voulez, que Rome est à l'ex-
　　treme,
Et pour elle & pour vous ie quite ce que i'ayme,
Ie dompte mon amour & deschire mon cœur,
Mais aprez cét effort si le party vainqueur...

TORQVATE.

Non, non, ne crains plus rien, aprés cette def-
　　faitte
Quoy qu'il puisse arriuer, ta recompense est
　　preste,
Va ! de cette victoire & de ton cœur épris
La gloire & Decia seront le iuste prix.
　　　　　　　　　　　　Il s'en va.

SCENE II.

MANLIE, seul.

CET arrest est bien doux, mais dans nostre
　　misere
Patrie, pere, amour, que faut-il que i'espere?
Ne vous verray-ie point hors de confusion ?
Tantost vous accordez tout à ma passion,
Vous me conduisez mesme au iour de l'hy-
　　menée,
Et détruisez le tout dans la mesme iournée?
Ce n'est pas que mon cœur chancelle nulle-
　　ment

Ie sçay bien que ie suis, Romain plustost qu'a-
  mant,
Que ie dois tout à Rome, & quoy qu'ayt pû ma
  flame.
Ie combatray pour elle , & sans tâche , & sans
  blasme ,
I'étouffe en sa faueur vn murmure secret
Qui pourroit me souiller d'vn ombre de regret ?
Ie quitte sans douleur pour le redire encore
Ce que i'ayme le plus, Decia que i'adore, ...
Ie me trouble pourtant, & ce iuste dessein
Semble dedans mon cœur estre encor incertain,
Ie sens à ce seul nom chanceler mon courage..
Ah ie n'escoute plus ton suborneur langage ,
Amour ! il faut ceder, vn genereux effort
Faira voir à ce coup ton party le moins fort?
Il vaut mieux, il vaut mieux mourir aueeque
  gloire,
Ou sentir tes douceurs aprés vne victoire?
Aussi ie ne pouuois sans honte & sans remords
Espouser Decia parmy l'horreur des morts,
Ioindre au malheur des miens la ioye & l'hy-
  menée,
Et comme le Gaulois brauer leur destinée,
Ainsi si ie pouuois au combat qui m'attend
Oster à l'ennemy la gloire qu'il pretend ,
Mon retour me feroit d'vn feu tout legitime
Posseder Decia sans scrupule, & sans crime
Rome pendent ce temps essuyeroit ses pleurs,
Perdroit le souuenir de ses derniers malheurs,
Et le fruict quelle auroit d'vne seule victoire
Pourroit en effacer les traits de sa memoire ?
Enfin songeons à vaincre, & que dans vn seul
  iour
Doiuent vaincre, ou perir, & rome & mô amour?

Patrie, pere, amour, en faut il d'auantage?
Auez vous éclaircy tout voſtre obſcur nuage?
Et quand i'auray vaincu... mais que vois-ie?
    bons dieux?
La fâcheuſe rencontre en tout temps, en tous
    lieux.

SCENE III.

MANLIE, TVLLE.

TVLLE.

ENfin Manlie, enfin, il faut que ie vous laiſſe
  Malgré tout mon amour poſſeder ma Prin-
    ceſſe?
Mais quoy touſiours réueur? quoy chagrin
    amoureux?
Et meſme dans ce iour qui vous doit rendre heu-
    reux?
Manlie vous changez? eſt il quelque diſgrace-
Qui puiſſe de nouueau troubler voſtre bonace?
Vous chancelez encor, & ce cœur abattu
Semble contre ſoy meſme excercer ſa vertu?
Quel eſt le déplaiſir qui ſur voſtre viſage
Eſpend confuſement vn horible nüage?
Ah ſi quelque malheur peut troubler ce beau
    iour
Monſtrés plus de courage, & ſuiuez moins l'a-
    mour?
Sans doute que les dieux font de voſtre hy-
    menée

Euanoüir la ioye aussi-tost qu'elle est née,
Que le Ciel qui preuoit, & le bien & le mal
L'âge que cét hymen vous doit estre fatal?

MANLIE

Ingenieux rival? ame double & ruzée
Qui ne fis iamais rien que comme interessée,
Qui ne dis vn seul mot que pour ton interest?
Connois tu bien Manlie, & sçait-tu ce qu'il est?
Et pour en retirer vn certain témoignage
Veux-tu dés ce moment éprouuer son courage?
Sçache que ie croirois estre indigne du iour
Si ie ne preferois le deuoir à l'amour,
Et quoy qu'ayt d'attrayant le feu qui me con-
    somme
Ie quitte sans regret ma Princesse pour Rome,
Car tu n'ignores pas que depuis ce matin
Il n'est plus d'aliance auecque le Latin,
Tu sçais bien que ie parts, & tu sçais bien en-
    suitte
Que de quelques Romains ie prendray la con-
    duitte,
Qu'ainsi tout m'est funeste, & qu'a mon seul re-
    tour
Ie pourray posseder l'objet de mon amour?
Ouy ie parts, mais ie parts sans former vne
    plainte,
Sans pousser vn soupir, sans vne lâche atreinte,
Et si quelque surprise à changé ma couleur
C'estoit ton insolence, & non pas ma douleur?

TVLLE.

Vn peu moins de transport, & plus de retenuë?

MANLIE.

Ie suis libre, & fais voir mon ame toute nuë

TVLLE.

Il ne faut pas tousiours monstrer ses sentiments?

MANLIE.

Ie ne peux retenir ces iustes mouuements?

TVLLE.

Vn riual plus ciuil suiuroit moins son caprice?

MANLIE.

Vn riual plus sincere auroit moins de malice?

TVLLE.

Quel dessein est le vostre à me choquer toûjours?

MANLIE.

La Princesse à propos interrompt ce discours.

TVLLE, *bas.*

Parlons luy mon amour à cette inéxorable?
Tâchons de nous la rédre vn peu plus fauorable.

SCENE IV.

DECIA, LVCRESSE, MANLIE, TVLLE.

TVLLE.

MAdame enfin voicy mon iour le plus fatal,
Qui doit voir couronner l'amour de mon
riual
Puis qu'enfin......

DECIA.

C'en est trop n'acheuez-pas de grace?
Il ne m'est plus permis de souffrir vôtre audace?

Si Manlie auiourd'huy doit estre mon époux,
Ie ne puis vous parler, Tulle retirez-vous?
                    TVLLE.

Si portant vn moment vous vouliez....
                    DECIA.

                              Iamais Tulle
De me persecuter n'aurez-vous nul scrupule?
Enfin retirez vous? n'obeirez-vous pas?
                    TVLLE.

Et bien il faut chercher vn glorieux trépas ?
Ie vay sacrifier l'objet de vostre hayne?
Rendre vne ame en mourant amoureuse & Ro-
    maine,
Et contre vn ennemy qui s'auance vers nous
Ie vay vaincre pour rome, & vay mourir pour
    vous?
I'expireray du moins auec vn peu de gloire
Sans qu'on puisse imputer de tâche à ma me-
    moire,
Ainsi du mesme coup qui m'ostera le iour,
Ie pourray satisfaire & Rome, & mon amour,
Ou bien si c'est trop viure & si vostre colere,
Me demande vne mort plus prompte, & plus se-
                                  à Manlie.
    uere
Empruntez d'vn riual & l'épée & le bras ?
Perce, perce ce flanc ! & ne l'espargne pas?
Prends cette occasion à ruiner ma vie,
Qui ne peut subsister sans te porter enuie,
Sans s'en prendre à la tienne & suiuant mon
    amour,
Te rauir ma Princesse, ou te rauir le iour...
Tu me refuses donc, & vous aussi Madame?
                    MANLIE.

Songe à quoy te reduit le trouble de ton ame?
Rentre, rentre en toy méme & considere mieux,

Que ce difcours re rend encor plus odieux ?
Que par d'autres moyens vn homme de courage
Se défait d'vn riual qui luy fait quelq; ombrage,
Enfin que ce n'eft pas par vne lâcheté?

TVLLE.

Mais quoy .....

DECIA.

Tulle ceffez i'en ay trop écouté,
Voftre feint defefpoir, m'irrite & m'importune,
Viuez, allez mourir, fuiuez voftre fortune,
Ceffez de nous tenir ces difcours fuperflus,
Ie vous le dis encor, & ne nous troublez plus?

TVLLE.

Fiere, ingratte, infenfible, eft ce ma recompenfe?
Sonts ce-là les beaux fruicts de ma perfeuerance?
N'importe, i'obeïs, & bannis de vos yeux
Vn amant miferable, vn amant odieux,
Puifque vous l'ordonnez il fuiura fa fortune,
A Dieu, ne craignez plus quelle vous impor-
    tune,

SCENE V.

DECIA, LVCRESSE, MANLIE.

MANLIE.

I'Ay pour cét infenfé quelque compaffion
Il fe laiffe emporter , & dans fa paffion.....

DECIA.

Laiffons là fes tranfports, qu'ils foient vrais, ou
    qu'il feigne,

Il ne merite pas seulement qu'on le plaigne,
Son amour me deplaist, ie ne l'escoute plus,
Mais oſtez-mòy d'vn douté, ou ſes diſcours
    confus
M'ont dépuis retenuë auec beaucoup de peine,
N'a-il pas diſcouru de la Valeur Romaine,
D'aproche d'Ennemis, de Rome, & de combat,
Cette confuſion me fait craindre, & m'abat,
Le moindre mot laſché me met en deffiance.
            MANLIE.
Madame il eſt fort vray que le Latin s'aduance.
            DECIA.
O Dieux?
            MANLIE.
        Pour m'oppoſer à ſon lâche deſſein,
Auec nos deux Conſuls ie dois partir demain,
Il n'eſt plus entre nous de paix ny d'alliance
Si nous ne partageons l'abſoluë puiſſance,
De ces conditions l'equitable refus
M'y rend infortuné, ſi iamais ie le fus,
Ainſi vous voyés bien qu'vne meſme iournée
Donne diuers viſage a noſtre deſtinée
Que proche de l'hymen tout me deuient fatal,
à preuoir le ſuccez d'vn combat jnegal
I'eſpere neantmoins ſy vous eſtes la meſme?
            DECIA.
Quoy pourrois tu douter de mõ emour extréme
            MANLIE.
Et bié i'eſpere donc & reuiendray vainqueur,
Ie ſuis touſiours Romain & i'ay le méme cœur,
Ie vay vous acquerir, & chercher dans la gloire,
Le prix qu'on ma promis d'vne telle victoire
Ce combat m'eſt propice, & ſans doute les
    Dieux
M'y veulent deſtiner, pour vous meriter mieux,
                              B

Cet employ bien conduit m'en rendra moins
       indigne,
I'y peux faire paroiftre, vne valeur infigne
Vn combat inefgal me fera plus d'honneur,
M'octroyera juftement voftre main, voftre cœur?
Vous foupires madame?

DECIA.
                    Excufe ma foiblefse
Ce foupir eft l'effet d'vne jufte triftefse ?
Ton depart m'affaffine & je pers tout efpoir,
D'eftre jamais a toy, de jamais te reuoir.

MANLIE.

Ainfi donc vous voulez attendrir mon courage.

DECIA.
Ie te veux auertir que je prenois l'orage.
MANLIE.
O malheur impreueu ?
DECIA.
                    O trop funefte iour?
MANLIE.
Craignez de grace moins ?
DECIA.
                    Donne moy moins d'amour ?
MANLIE.
Aujourdhuy feulemét voftre amour me fait
       peine ?
DECIA.
Ie ne puis moins t'aimer ?
MANLIE.
                    Mais eftes vous Romaine?
DECIA.
Ne me preffe pas tant !

MANLIE.
Songez a ce deuoir.
DECIA.
Menlie ie ne dois que t'aymer & te voir.
MANLIE,
Adieu i'ay trop donné de marques de tendreſſe?
DECIA,
Te faches tu d'aymer,
MANLIE,
Auec tant de foibleſſe
Adieu donc Decia?
DECIA.
Tu me laiſſes ainſy?
MANLIE.
Auant que de partir vous me verrez icy.

SCENE VI.

DECIA, LVCRESSE.

DECIA.

LVcreſſe enfin voila, ma derniere diſgrace
Que vient de deſcouurir le coup qui me
menace
Auec peû de Romains ſurmontez a demy,
Manlie va combattre vn puiſſant ennemy,
Et le meſme combat pour comble de miſere
Aueque mon amant expoſe encor mon pere,
Voy comme les deſtins qu'on ne peut apaiſer
Veulét mettre au hazard tout ce que iay de cher.

LVCRESSE.
Du pere & de l'amant vous sçauez le courage?
DECIA.
Lucresse ie les vois au milieu du carnage
Porter par tout la mort, & resister en vain
Ie les vois succomber les armes a la main
Et de nostre ennemy cruel, inexorable,
Ie voy, ie voy le nombre enfin qui les accable.
LVCRESSE.
Vous verrez dissiper a leur heureux retour
Ces phanthomes d'horreur, que forme vostre
    amour.
DECIA.
Scais tu ce que tu dis ?
LVCRESSE.
                    Ie l'espere de mesme ?
DECIA.
En vain ?
LVCRESSE.
        C'est vn erreur de vostre amour extreme.
DECIA.
Tu crois donc les reuoir.
LVCRESSE.
            Ouy?
DECIA.
                Comment le crois tu ?
LVCRESSE.
I'espere vn bon succez de leur haute vertu.
DECIA.
Ie ny sçaurois auoir la mesme confiance
Ny ne peux conceuoir vn rayon d'esperance
Mais allons plus au long apprendre ce que c'est,
Pour le salut de Rome & mon propre interest.
                        Elles s'en vont

Fin du premier Acte

ACTE II.

SCENE I.

MANLIA ÆMILIE,

MANLIA.

ÆMilie ie l'ayme, & s'il faut te le dire,
Ie n'aime que luy seul, pour luy seul ie
   soupire ?
Ignores tu le nom de ce charmant vainqueur,
Lis-le dedans mes yeux ? penetre dás mon cœur?
Tu pourras y trouuer sans trouble, & sans nuage
Ses traits plus naturéls, sa plus parfaite image?
Ne me loües-tu pas du choix de cét amant ?
Enfin tu le connois! dis m'en ton sentiment ?
Tu l'ignores encore, ô ma chere Æmilie,
Ou feins de l'ignorer afin que ie le die,
Si tu ne veux ayder a ma confusion
De grace épargne moy cette confession ?

ÆMILIE.

Madame ie ne peux aller iusqu'en vostre ame
Découurir ce vainqueur, & chercher vôtre flame

Ce cœur qui dites-vous en retient chaque trait,
Ne peut sans vostre bouche éuanter ce secret.
MANLIA.

Tu connois mal l'amour, & quel est son langage,
Vn soupir que l'on ayme, est vn haut temoigna-
Les yeux sont des miroirs de nostre passion, (ge,
Vne rougeur vaut mieux qu'vne confession,
Et ces marques d'amour que tu peux bien en-
    tendre,
Découurent mon amant & doiuent te l'apren-
  dre.

ÆMILIE

Ces transports entre nous ne me découurent
   rien,
C'est deuant vostre amant, & dans son entretien
Que ie peux tout sçauoir de l'amoureux lan-
   gage
D'vn soupir, de vos yeux, & de vostre visage ;
MANLIA.

Et bien sans plus cacher cét aymable secret,
Ie vay le confier a ton esprit discret,
Tulle paroist.
     C'est......

ÆMILIE.

Cessez Tulle vient ?
MANLIA.
    Pourquoy donc Æmilie
Puis que tu sçais son nom veux tu que ie le die ?
ÆMILIE.

Moy ie l'ignore encor ?
MANLIA.
    Tu l'as pourtant nommé ;
ÆMILIE.

I'ay dit que Tulle vient ?

MANLIA.

    Tulle est ce bien aymé,
Enfin reconnois-le, son nom ma toute émeuë;
Rasseure-toy mon ame, & soustiens cette veuë?

SCENE II.

MANLIA, ÆMILIE, TVLLE *Armé.*

TVLLE.

MAdame sur le point que ie quitte ce lieu,
Ie venois pour vous dire vn éternel adieu?
    MANLIA.
En quels lieux allez vous, si lâche, & sans cou-
 rage?
    TVLLE.
Ie vay chercher la mort au milieu du Carnage.
    MANLIA
Aller chercher la mort, marque vn cœur abbatu
    TVLLE.
Dans cette occasion vne haute vertu?
    MANLIA.
Mais encor d'ou vous vient cette fatale enuie!
    TVLLE.
Ma mort est resoluë, & i'y perdray la vie,
Sçachez, pour approuuer mon iuste desespoir,
Que Decia ma dit de ne la iamais voir,
De bannir de ses yeux ma presence importune
De viure, ou de mourir, de suiure ma fortune,
Madame vous voyez tous ces discours d'accord
A condamner ma vie, & conclurre ma mort?

MANLIA.

*Difant le premier
vers à part.*

Peuſt-il mieux confirmer ma iuſte ialouſie ?..
Ie vois que cette amour dont voſtre ame eſt
    ſaiſie
Deuroit auoir ceſſé, dépuis que deuant vous
Elle auoit accepté mon frere pour époux,
Que de nos deux conſuls la bonté paternelle
Voyoit auec plaiſir leur flame mutuelle,
Qu'ils auoient obtenu de leurs conſentements
Ce qui peut rendre heureux les plus parfaits
    amants,
Si de noſtre ennemy l'odieuſe arrogance
 N'euſt ſi-toſt violé les droits de l'alliance,
Mais enfin ce malheur ne fait que d'ifferer,
Vn bien qu'à ſon retour il doit ſeul eſperer.

TVLLE.

I'ay veu tous ſes progrez, i'ay ſouffert ces me-
    naces ?
Mais pourtāt eſperé touiours dās mes diſgraces
Quoy qu enfin tout ſemblaſt projetter mon mal-
    heur,
Pour reſiſter à tout i'auois aſſez de cœur,
Et tandis que i'ay pû la voir ſans luy déplaire,
Ie n'ay pû redouter l'amour de voſtre Frere ;
Mais dés que par ſon ordre il faut ne la voir pas,
Ie ne puis recourir qu'à l'horreur du trepas,
Elle verra ma mort, & ſa hayne aſſouuie
Vengera d'vn remords la perte de ma vie,
A quoy bon prolonger vn deſtin ſi fatal,
Que pour eſtre témoin du bonheur d'vn riual !
Et puis qu'a viure encor rien plus ne m'intereſſe,

MANLIA.

Tulle c'en eſt aſſez, ie plains voſtre foibleſſe !

Songez pluſtoſt à vaincre, & que voſtre retour
Eſt neceſſaire à Rome autant qu'à vôtre amour,
Que vous ne pouuez pas prodiguer vne vie,
Dont la perte rendroit noſtre Ville affoiblie ;
Que vous la luy deuez, quelle n'eſt plus à vous,
Quand on la croit vtile ou pour elle, ou pour
    nous ,
Que l'on imputeroit meſme à voſtre memoire,
D'auoir mal ſouſtenu ſa deffence & ſa gloire ,
Qu'enfin pour ſe venger de vos lâches deſſeins
Rome vous oſteroit du nombre des Romains ;
Pour vous, pour voſtre honneur monſtrez plus
    de courage ,
Donnez en à ce iour vn puiſſant témoignage ?
Rome de ce combat a la meilleure part,
Conſeruez vous pour elle au milieu du hazard,
Ou bien s'il faut mourir, ne mourez que pour
    elle ,
Rendez voſtre ſang pur, genereux, & fidelle ?
Mais ſi vous triomphez, haſtez voſtre retour ?
Vous pouuez eſperer beaucoup de vôtre amour?

TVLLE,

Ah Madame?

MANLIA.

        Sçachez Tulle que l'on vous ayme?
I'ay reconnu pour vous vne tendreſſe extreme,
Et que ſi l'on à feint de ne vous point aymer
C'eſt pour vous mieux connoiſtre, & mieux
    vous enflammer?

TVLLE.

Quoy ! m'aſt elle connu volage, ou infidelle ?
En aimay ie quelque autre, adoray je rié qu'elle
Sans le luy témoigner paſſay-ie quelque iour,
Ay ie pû mieux aimer, ou montrer plus d'amour

Non Madame, il n'est plus d'espoir qui me re-
　　tienne,
Ie n'en dois esperer que mépris, & que hayne,
I'ay trop bien reconnu quel est son sentiment?
N'abusés plus de grace vn mal-heureux Amant,
Cessez de me tenir ce discours fauorable,
Elle sera toûjours cruelle, inexorable,
Madame au nom des Dieux, daignés me l'a-
　　uouër!
C'est pour me retenir, ou bien pour me jouër?
Tantost vous me blâmés lors que ie perseuere,
Et tantost vous voulez encore que j'espere,
Vous mesme voyez bien vos discours mal d'ac-
　　cord
Pour vouloir prolonger mon miserable sort?
Au reste vostre frere ayme celle que j'ayme,
De mesme que le mien, son amour est extreme,
Voudriez vous contre luy me donner quelque
　　espoir,
Malgré vostre amitié, malgré vostre deuoir.

MANLIA.

Ie sçay ce que ie dois à l'amour de mon frere,
Tulle n'en doutez pas, ie vous seray contraire,
Bien plus, si son repos exige vostre mort,
Pour vous sacrifier ie feray tout effort?
Ie ne vous donne pas contre luy d'esperance,
Mes discours ont besoin d'vn peu d'intelligence,
Escoutez seulement & moderez vos feux,
Ie vous rendray peut estre, & l'vn & l'autre
　　heureux?....
Si quelque autre Romaine aussi considerable,
Se rendoit à vos vœux vn peu plus fauorable?

TVLLE.

Ah Madame de grace?

MANLIA,
            Vn peu moins de tranſport ?
Pour m'entendre vn moment faites vous quel-
    que effort.
Si vous trouuiés en elle autant ou plus de char-
    mes ,
Auriez vous de la peine à luy rendre les armes ?
Si vous y rencontriez la beauté , la douceur,
Et parmy tant d'attraits beaucoup moins de
    rigueur ,
Parlez ?

TVLLE.
l'admirerois tant de graces enſemble !
Ce diuin Abregé du tout qui les aſſemble !
Auec eſtonnemens de ſi charmans appas
Me feroient....

MANLIA.
Mais enfin vous ne l'aymeriez pas !

TVLLE.
Aymer ou n'aymer pas n'eſt plus en ma puiſ-
    ſance,
Cette ſeule raiſon feroit ma reſiſtance.

MANLIA.
Ce feroit vn effet de voſtre aueuglemem.

TVLLE.
Ce feroit vn effet d'vn tres fidelle Amant.

MANLIA.
Lors qu'on eſt rebuté doit on eſtre fidelle !

TVLLE.
Lors qu'on aime beaucoup peut on eſtre rebelle!

MANLIA,
Ouy , Ouy , l'on le peut eſtre , & quitter à ſon
    tour
Ce qui nous peut reſter de cét ingrat amour ,

L'on doit du moins aymer auec quelque appa-
   rence,
Quelque espoir d'obtenir enfin sa recompence ?
Vous n'estes pas de mesme, & sçaués preferer
Qui ne vous permet pas seulement d'esperer,
Vne ingrate beauté d'vne autre amour saisie,
Qui met tout son bon-heur à vous estre rauie ?
Examinez vous mieux ! changez de sentiment !
Vous pouués estre heureux, de mal-heureux
   Amant !
Ne le ferez vous pas quoy que ce cœur soupire,
Si mesme... (Mais que dis-ie, ou bien que vay
   ie dire !

à part,

O Dieux ie me découure, & si ma passion)
      à Tulle,
Ayant pour vostre amour quelque compassion,
Ie voudrois dans l'estat où vostre ame est re-
   duite
Tascher d'en destourner l'ineuitable suite.

TVLLE.

Ie suis trop redeuable à vostre charité
Mais enfin, c'est en vain, le sort en est jetté.

MANLIA.

Et bien aymés toujours, soyés toujours fidelle,
Rendés luy vos respects auec le mesme zele,
Et tandis que mon frere en qualité d'époux,
Pourra la posseder, n'en soyés point jalloux,
Voyés si vous pouués leur bon-honneur sans
   enuie,
Et ne l'aymés pas moins pour vous estre rauie.

TVLLE.

Vostre frere en sera paisible possesseur,
Ie vay pour éuiter de troubler leur bon-heur
              trouuer

Trouuer dans le combat ma perte ineuitable,
Chercher des ennemis vn nõbre qui m'accable,
Et comme i'ay toûjours aymé jusqu'à ce iour,
Ie vay, ie vay mourir auec le mesme amour.

MANLIA.

Tulle songez y mieux ; & conseruês vn homme,
Dont le secours encor doit estre vtile à Rome.
                                il s'en va.

SCENE III.

MANLIA, ÆMILIE.

MANLIA.

AS tu veu l'incensible , & quel est soñ
 Amour !

ÆMILIE.

Madame ie vous plains chacun à vostre tour,
Luy d'aymer Decia, vous de n'aymer que Tulle,
Ie ne peux aprouuer vôtre amour sans scrupule,
A peine dans vos vœux puis ie voir quelque
 iour,
Mille confusions troubleront vostre amour,
Et dans la passion dont vostre ame est saisie
Ie ne sçaurois preuoir qu'horreur & jalousie.

MANLIA.

Helas !

ÆMILIE.

Vous foûpirés pour vn indigne Amant,
Qui méprife vos feux dans fon aueuglement?
De qui pour Decia la paffion extréme,
Luy va faire.....

MANLIA.

N'importe Æmilie ie l'ayme
Sçache enfin que ce cœur ne peut ne l'aymer
　　pas,
Que fa rebellion a pour moy des appas,
Qu'il ayme Decia, qu'il foûpire pour elle !
Ie l'aymeray toûjours infenfible & rebelle.

ÆMILIE.

Madame vous aymés fans beaucoup d'intereft?

MANLIA.

Fus-tu iamais Amante, & fçais tu ce que c'eft,
Connois mieux les effets d'vn amour veritable,
Cét objet bien aimé me femble en tout aimable,
Ie crains mefme fa perte, & n'ofe rien preuoir
De fon injufte amour, & de fon defefpoir.

ÆMILIE.

Confiderés Madame où voftre ame s'engage,
Aymés de grace moins, & changés de langage.

MANLIA.

Ie ne puis !

ÆMILIE.

Vous pouués quitter à voſtre tour
Ce qui vous peut reſter de cét ingrat amour,
L'on doit du moins aymer auec quelque appa-
  rence
De pouuoir obtenir enfin ſa recompenſe.

MANLIA.

De grâce épargne moy !

ÆMILIE.

Ce ſont vos meſmes mots ;

MANLIA.

Tay toy Decia vient aſſés mal à propos.

SCENE IV.

DECIA, MANLIA, ÆMILIE, LVCRESSE.

DECIA.

SVis-ie ſuſpecte, ainſi vous gardez le ſilence ;

MANLIA.

C'eſt que nôtre diſcours eſt de peu d'importance,

DECIA.

Vous ne parliez-donc pas de nos prefens malheurs;

MANLIA.

I'auois pour ce moment fait ceffer mes doū-
leurs;

DECIA.

Pour moy ie ne fçaurois l'obtenir de moy
mefme,
Ie crains à chaque inftant, comme à chaque
inftant i'ayme,
Mais enfin toufiours craindre, eft craindre iu-
ftement
A qui voit expofer fon pere, & fon amant,
I'ay pourtant quelque efpoir que les Dieux ont
fait naiftre ?

MANLIA.

L'vn & l'autre eft vaillant , & doiuent tout pro-
mettre!

DECIA,

L'oracle a fatisfait mon efprit curieux,
Voicy ce que ma dit l'interprete des Dieux ;
        Elle tire vn papier ou font ces vers
Tu peux auec raifon t'affeurer la victoire,
Le fuperbe ennemy, combattra, mais en vain,
Ton pere en ce combat aura le plus de gloire,
Par vn des plus beaux forts qu'ait iamais eu
Romain,

Tu verras ton amant de cette troupe altiere
     Triomphant, mais tousiours soumis,
Torquate iustement méprisant Rome entiere
     Donnera malgré sa priere
A son fils ton amant ce qu'il aura promis.
     Decia aprez auoir leu
Il semble Manlia que ie doiue esperer?
          MANLIA.
Ces mots que vous deuez & croire & reueter,
Ne sont que trop exprez pour estre veritables?
          DECIA.
C'est souuent vn effet de nos Dieux charitables,
Qui par quelque équiuoque & quelque mots
     douteux
Nous veulent déguiser le sort des malheureux,
Dans ce discours sacré, ie vois certain nuage
Qui ne me permet pas d'en tirer aduantage
I'y crois aperceuoir des contradictions ;
          MANLIA.
De grace iugez mieux de leurs intentions,
A peine pourroient ils vous fouffrir cette injure
Nos Dieux, sont ils des Dieux d'adresse & d'im-
     posture ,
Ayez ! sans penetrer dans leur plus haut secret,
L'esprit moins curieux, plus credule, & discret ;
          DECIA.
Nous pouuons sans douter de toute leur puis-
     sance
D'vn oracle douteux chercher la connoissance,
Nostre esprit inquiét, sans aller trop auant
Peut estre curieux à s'en rendre sçauant,
Et si mesmes les Dieux laissent vn Interprete ,
C'est pous nous en donner la science parfaite,
Cét pour nous faire voir quel sera l'aduenir,
Esclaircir nostre doute, & non nous en punir ;
                    C 3

Quoy qu'il peut eſtre enfin qu'vn ſoupçon temeraire
Me fait deſſous ces mots craindre quelque mi-
ſtere.

MANLIA.

Chacun de tous ces mots predit voſtre bon-heur,
Et c'eſt le trop d'amour qui forme voſtre peur,
Pouuez-vous autrement y treuuer lieu de crain-
dre,
Sans accuſer nos Dieux de fourber ou de feindre.

DECIA.

L'oracle eſt touſiours vray, quoy que mal ex-
pliqué,
Et ſouuent ſon vray ſens n'eſt pas bien remar-
qué,
Ie n'ay pas ie l'auouë aſſez d'intelligence
Pour me perſuader qu'il ſoit quelque aparence
Que Torquate reſerue à mon amant ſon fils,
Malgré Rome & ſes vœux ce qu'il aura promis.

MANLIA.

Eſt-ce là cette erreur qui fait voſtre triſteſſe,
Eſtant le prix du Fils, du pere la promeſſe.

DECIA.

Mais que Rome s'oppoſe à voir noſtre bon-
heur,
C'eſt la ma iuſte crainte, ou bien c'eſt mon
erreur,
Que Rome perſecute, & que Rome ſupſie
Torquate de me perdre auſſi bien que Manlie,
Rome qui nous cherit, Rome de qui les vœux
Ne tendent qu'a nous voir, & qu'a nous rendre
heureux,
Rome, Rome qui doit ſon ſalut à nos peres
Pour perdre noſtre amour leur feroit des prie-
res ?

MANLIA.

Vous verrez le succez de vos vaynes frayeurs.
DECIA.
Il faut me preparer à des noueaux malheurs,
MANLIA.
Vous deuez esperer!
DECIA.
Ie crains quoy que i'espere !
ÆMILIE.
Manlie vient Madame !
DECIA.
Helas !
MANLIA.
Voicy mon Frere,
Ne luy découurés pas voftre aprehenfion ;
DECIA.
Pour pouuoir luy cacher i'ay trop de paffion;

❧❧❧❧❧❧❧❧❧❧❧❧❧❧❧❧❧❧❧❧❧❧❧

SCENE V.

MANLIE, MANLIA, DECIA, LVCRESSE, ÆMILIE.

MANLIE.

SVportez mon depart fans trouble & fans defordre,
Ie viens de chez Torquate, ou i'ay reçeu tout
l'ordre,

Ie l'ay trouué penfif, dans l'explication
D'vn fonge affez funefte, & d'vne vifion,
Ie l'en defabufois comme d'vn vray menfonge,
Qu'and voftre pere a dit auoir eu mefme fonge,
Auoir veu (comme luy) vn phantofme eftonnant
Hydeux, horrible, affreux, & d'vn air menaçant,
Que ce fpectre rendant fa voix intelligible,
Il en auoit reçeu, cét auis bien terrible,
Au combat (aft-il-dit) commençant à parler
Le chef d'vn parry doit foy mefme s'immoler,
Et c'eft pourtant celuy que fuiura la victoire,
A peine auoit il dit, qu'vne ombre épeffe & noire
Le dérobe à fes yeux, vne confufion
De mille mots fuiuit fa feparation,
Ou foit par la terreur d'vn auis fi funefte
L'vn, ny l'autre ne pût rien entendre du refte;

DECIA.

Dieux feroit-ce mon pere !

MANLIA,

Ah feroit-ce le mien !

MANLIE.

Non non, ce n'eft qu'vn fonge, il n'en faut crain-
    dre rien,
Rome eft pourtant efmeuë , & cette refem-
    blance
Fait craindre du Latin la force & l'infolence.

DECIA.

Ces fonges font fans doute autant d'auant-cou-
    reurs ,
Et des predictions de nos communs malheurs.

MANLIA.

L'oracle confulté vous promet la victoire,
Vn Dieu par luy s'explique, & vous deuez le
    croire.

MANLIE.

Le succez vous faira changer de sentiment,
Et vous connoistrez mieux ce que peut vn amant

DECIA.

L'amour fait mon erreur, mais acheue de grace !

MANLIE.

Torquate redoutant quelque haute disgrace,
Consulte auec Decie, & demeure d'accord ,
Du lieu que doit tenir le party le moins fort ,
Ou l'on peut se camper auec quelque auan-
     tage
En quel endroit on peut occuper le passage,
Aprés m'auoir enfin assez souuent instruit
De l'ordre qui se doit obseruer iour & nuit ,
Il m'ordonne sur tout, sous peine de la vie,
De retenir des miens la genereuse enuie,
Et ie ne puis combattre auant l'ordre receu ,

DECIA.

Quoy ! seroit - ce mal fait de vaincre à son
     deceu !

MANLIE.

Il y va de la vie, & les loix de mon Pere
Veulent que l'on les suiue & que l'on les reuere,
I'abuse cependant de son ordre & du temps ,
Adieu Madame ! Adieu ma Sœur !

DECIA.

Manlie attends !

MANLIE.

A m'arrester ainfi vous m'allez beaucoup nuire.

DECIA.

Auant que de partir viens du moins me conduire !

Fin du second Acte.

ACTE III.

ACTE III.

SCENE I.

TORQVATE, EMILE, EMILE.

La Decoration se change en tentes
& pauillons d'Armée.

USQV'ICY vous auez vn peu trop
écouté
D'vne ombre imaginaire vn discours
inuenté,
Laissez vous moins surprendre à ce fatal men-
songe
Voyez que vous craignez vne chimere, vn songe,
Et que dans chaque nuit vn funeste sommeil
Vous peut representer vn phantosme pareil.

TORQVATE.
Quoy que feigne vn sommeil, & quoy qu'il puisse feindre
Ie sçay ce que i'en crains & ce que i'en dois
craindre,

Souuent vn songe n'est rien qu'vne illusion
Que se plaist d'inuenter l'imagination,
Mais quelques fois aussi les nuicts les plus obs-
  cures
Nous aprenennt par luy nos disgraces futures,
Les Dieux dans nostre esprit font former ces va-
  peurs
Nous voulans disposerà des noueaux malheurs
Et nous en estimons estre souuent des fables
Qui sont de l'auenir des signes veritables,
Le mien est surprenant, funeste, horrible, af-
  freux,
Decia en mesme temps, vist ce phantosme hi-
  deux,
Voy donc si c'est abus, & si sans apparance
Ie crains tout de ce songe, & de sa ressemblance
Comme nos sentimens nos songes sont d'ac-
  cord

EMILE.

Pour en craindre vn peu moins, faites vous quelque effort
Cette aprehension vous peut estre nuisible.

TORQVATE.

Elle est de nos malheurs vne marque infaillible.

EMILE.

Seigneur quoy qn'il en soit tout est bien ordonné
Vous venez de remplir le camp abandonné
Et pendant que Manlie est allé reconnoistre
Le poste du latin, Rome peut se remettre,
Et ce que vostre bras a fait en sa faueur,
Luy fait tout esperer de la mesme valleur,

EMITOR

TORQVATE.

Ie me connois Emile, & ie n’ay fait pour Rome
Que ce qu’euſt entrepris des Romains le moin-
dre homme,
Sçache ſans me flatter que le premier combat
Eſt celuy qui la ſauue, ou celuy qui l’abat,
Qu’apres ce premier choc il n’eſt plus d’eſperãce,
Qu’en vain eſtans vaincus nous ferions reſiſtance;
Qu’auſſi ſi nous vainquons, nous nous verrons
ſoûmis
Sans nul autre danger nos plus fiers ennemis.
Vn ſoldat paroiſt.

EMILE.

Ce Soldat eſgaré ſans doute vous demande,

TORQVATE.

Emile auançons nous ;

EMILE, *à part.*

ô Dieux que i’aprehende!

SCENE II.

EMILE, TORQVATE, VN SOLDAT.

LE SOLDAT.

NE vous eſtonnez pas de me voir en ces lieux ;
Ie viens vous apporter la reſponſe des Dieux:
L’Oracle s’eſt trouué conforme à voſtre ſonge.

TORQVATE.

Emile, diras-tu que ce n’eſt qu’vn menſonge,

EMILE.

Comme ie le craignois ie n’oſois le preuoir,

D

TORQVATE.

Le soupçon en estoit facile à conceuoir ;
Des tambours & trompettes s'entendent.
Mais d'où vient tout ce bruit ? est-ce quelque
espouuente ?
Quoy ? le tambour se bat iusques dedans ma tente.

SCENE III.

TORQVATE, MANLIE, EMILE

MANLIE. *tenant d'vne*
main vne espée, & de l'autre vn escu.

S Eigneur, ne craignez rien, la ioye du soldat
Veut suiure iusqu'icy le succez du combat.

TORQVATE.

Quel combat ?

MANLIE.

I'ay vaincu, Seigneur :

TORQVATE.

Ah miserable !

MANLIE.

Ie reconnois ma faute, & ie me sens coupable,
Ie n'attends pas aussi vostre approbation :
Vostre loy violée amoindrit l'action,
Et i'apporte à vos pieds pour prix de ma conqueste
Ma vie, & cét escu, cette espée, & ma teste.

TORQVATE.

Manlie qu'as tu fait, ou qu'ay ie deffendu,
Fils desobeïssant à quoy me contrains tu ;
Ignorois-tu mon ordre ? & puis-ie me dedire
De la peine des Loix que i'ay voulu prescrire,

MANLIE.

Seigneur, ie me soumets à la punition;
Quoy que dans le recit d'vne belle action
Vous pourriez bié peut-estre apreuuer ma desféce.

TORQVATE.

Quoy; t'entendre loüer ta desobeïssance:
De me le dire encor prends-tu la liberté,
Veus-tu que ie t'escoute en faire vanité,
Et te plais-tu defia fi fort à me desplaire,
Que malgré moy tu veux & le dire, & le faire.

MANLIE.

Si pourtant vn moment ....

TORQVATE.

　　　　　Acheue scelerat,
Acheue temeraire, acheue, acheue ingrat
Qui violes les loix d'vn Conful & d'vn pere.

MANLIE.

I'en attends la rigueur fans vouloir m'y fouftraire,
Mais ie vous veux monftrer que fi i'ay combattu,
Ie n'ay peu l'efuiter fans bleffer ma vertu,
Qu'vn infolent déffi m'a caufé la victoire,
Qu'vn indigne refus euft pû ternir ma gloire,
Et que i'ayme bien mieux perir en vray foldat,
Qu'vn reproche eternel d'auoir fuy le combat;
Suiuant voftre ordre exprez, i'allois pour recon-
　　　noiftre
De quel lieu le Latin s'eftoit peu rendre maiftre,
Quand m'aprochant du camp de nos fiers ennemis
Ie voy venir à moy Metie,& fes amis;
Ce Latin orgueilleux de fa nombreufe fuite
Creût nous épouuenter, & caufer noftre fuite,
Mais nous voyant d'abord hardiment auancer,
Romains (dit-il) fi peu pouuez vous rien ofer,
Auec fi peu de gens nous faites vous la guerre;
Où fe tient l'vne & l'autre Armée confulaire?

Où se peuuent cacher vos drappeaux triomphans?
Lors (dis-ie) ils paroistrôt quand il en sera temps;
Vous verrez en soldats l'armée assez fertille
Pour auoir mesme sort qu'au fleuue de Regille,
Et vous espreuuerez vne seconde fois
Si vous pouuez douter de receuoir nos loix.
Metie à ce discours (pour mieux couurir sa rage)
Manlie (me dit-il) i'admire ton courage,
Et quoy que ie preuoye vn contraire succez,
Ta valeur est loüable, & va iusqu'à l'excez,
Ta conduite pourtant ne sçauroit estre heureuse,
L'issue du combat ne peut estre douteuse:
Ce que plus nous auons de nombre & de valeur
Descouurira bien-tost vostre prochain malheur;
Si toutesfois tu veux esprouuer la fortune,
Et voir de quel costé doit pencher l'infortune,
Enfin si les Romains cederont aux Latins,
Vn combat singulier reglera nos destins;
On verra par la mort ou de l'vn ou de l'autre
Le party le plus foible, ou de Rome, ou du vostre?
Seigneur i'accepte l'offre, & suis assez Romain
Pour ne pas supporter vn ennemy si vain:
D'abord pour le combat i'ay la plus noble enuie,
Ie reconnois en mcy le vray sang de Manlie:
Enfin le plus hautain de tous nos ennemis
N'a que trop resfenti que i'estois vostre fils.

TORQVATE.

C'est dóc estre mon fils qu'outrepasser mes ordres,
Et donner cét exemple à faire cent desordres?

MANLIE.

C'est estre vostre fils que d'estre genereux,
De ne pouuoir souffrir vn Latin orgueilleux,
D'accepter son deffy, le vaincre, & le soumettre,
Et mesme aux yeux des siens me faire voir son
     maistre;

Ce n'est pas qu'en effect vn exact souuenir
Pour garder voftre loy ne vint m'entretenir;
Mais de mon ennemi le deffi temeraire
Rendit contre la loy le combat neceffaire,
Et ie me preparay d'en subir la rigueur,
Plutoft qu'on m'accufast d'auoir manqué de cœur.
Quoy Manlie (difois-ie) euft pû voir la menace
D'vn fuperbe ennemi fans punir fon audace,
Manlie voftre fils, Manlie né Romain
Euft fouffert le deffi d'vn ennemi fi vain :
Ces fentimés, Seigneur, m'ont deguifé mon crime,
Ils m'ont fait appreuuer mon combat legitime,
Le naturel defir d'acquerir de l'honneur
Ne m'a follicité qu'à deuenir vainqueur,
Et mon crime à couuert ne paroiffant que gloire
Ne m'a reprefenté qu'vne iufte victoire ;
Mais laiffons ces raifons, c'eft trop vous abufer,
Ie fuis trop criminel pour pouuoir en vfer,
Ie diray feulement que le braue Metie
Difputa vaillamment fon honneur, & fa vie,
Et qu'apres cent efforts entre nous faits en vain,
Dans cette efgalité vous l'auriez crû Romain ;
Nous nous ioignons tous deux d'vne mefme
    vitefle,
Ie le pouffe, il fouftient, ie fouftiens, il me preffe,
Mais enfin fon cheual bleffé mortellement
Le fait choir auec luy, dans le mefme moment
Ie luy perce le flanc, fans luy pouuoir permettre
Ou de fe releuer, ou de fe reconnoiftre ;
Son fang à gros boüillons que i'ape çoy fortir
Marque beaucoup de rage, & peu de repentir,
Genereux ennemi (me dit-il) rendant l'ame,
Acheue promptement la vie d'vn infame,
Et quoy que lors mon bras luy nie ce fecours
Ie vois en mefme-temps en arrefter le cours ;

D iij

A peine le voit-on & sans force, & sans vie,
Que sa mort de cent cris est aussi-tost suiuie;
Les miens font retentir la gloire du vainqueur,
Des siens mille regrets deplorent son malheur ;
Cette confusion & de pleurs & de ioye
Est encor dans ces lieux d'où i'apporte ma proye,
Et à peine ay-ie pû meschaper de leurs yeux,
Pour venir vous soumettre vn bras victorieux,
M'immoler à vos yeux, s'il faut que ie m'immole:
Pour garder les effects d'vne saincte parole :
Ou s'il se peut encor monstrer aux ennemis
Dans le prochain combat ce que peut vostre fils,

TORQVATE.

Mon fils s'il faut qu'encor de ce nom ie t'appelle,
L'action sans la loy seroit loüable & belle ;
Et dans cette rigueur que ie te dois tenir
Ie loüe ta valeur, mais ie la dois punir :
Car quoy qu'en ta faueur m'objecte la nature,
Ie dois l'executer, ou deuenir parjure,
Ou pour plus dire encor, authoriser en toy
Ceux qui voudroient te suiure à violer la loy ;
Voy à quoy me reduit ta desobeïssance :
Que n'auois tu Manlie vn peu plus de prudence,
Vn peu plus de conduite, & que n'attendois tu
Au combat general à monstrer ta vertu ;
Là ie t'eusse veu vaincre, & t'acquerir sans crime
La gloire qu'aujourd'huy tu rends illegitime,
A la confusion de tous nos ennemis
A t'y voir triompher i'eusse connu mon fils;
Mais auant le combat ta mort est necessaire,
Et fauit pour iamais cet espoir à ton Pere,
Mon fils ta mort est iuste, & pourtant ce discours
D'vn mortel déplaisir va terminer mes iours :
Mais ne m'imite pas, montre plus de courage,
　　L'embrassant. Reçois de mon amour ce dernier
　　　　　　tesmoinage,

Et voy que ie te plains, mesme en te punissant,
Fils vrayment genereux, mais desobeïssant?
Sans pousser vn regret abandonne la vie,
Et fais qu'en expirant chacun te porte enuie;
Soldats conduisez-le?

EMILE.

Quoy sont-ce là Seigneur
Les fruits que doit attendre vn illustre vainqueur?
Renuoquez cét arrest trop injuste & seuere,
Prenez en sa faueur vn sentiment de Pere.

MANLIE.

Seigneur, n'écoutez pas vn discours suborneur;
Allons soldat, allons mourir auec honneur,
Si i'auoüe mon crime, il faut que ie l'expie,
Et c'est peu s'il s'efface aux despens de ma vie.

TORQVATE.

Voila, voila mon fils? & ce digne transport
Le fait connoistre assez.

EMILE.

Renuoqués-donc sa mort?

SCENE IV.

TORQVATE, MANLIE,
TVLLE, EMILE.

TVLLE.

CHer Manlie ie viens prendre part à la gloire
Que vous viét d'acquerir vne illustre victoire
Et ie ne vous sçaurois assez feliciter
Du plus rare succez que l'on ayt pû tenter;

D iiij

Parmy tous ces honneurs que le Ciel vous enuoya
Receuez d'vn amy la veritable ioye,
Ouy sans plus voir en moy ce riual ennemy,
Vous y recomnoistrés vn tres-sincere amy,
Que vous éprouuerez desormais tres-fidelle,
Oubliant le sujet qui fit nostre querelle;
Ainsi sans cét Amour qui nous rend enuieux,
Ie ne peux voir en vous qu'vn Romain genereux,
Qu'vn an y vertueux, qu'vn tres-rare courage
Dont ce dernier combat rend assez témoignage.

TORQVATE.

Ah i'en ay trop souffert ! quoy donc Tulle à
    mes yeux,
Venir feliciter ce vainqueur odieux?
Quoy? iusques deuant moy traiter de magnanime
Celuy qui n'a vaincu que par l'aide d'vn crime,
Et sans me respecter venir à haute voix
Loüer vn criminel qui renuerse mes loix;
O Dieux ! à t'on pû voir abord plus temeraire?
Quoy, n'es-tu pas venu certain de me deplaire?
Et peux-tu m'approcher à cette intention
Sans vouloir me brauer mieux que son action,
Mais apprens à te taire, ou blasmer sa conqueste
Si tu ne veux laisser ta vie auec sa teste.

TVLLE. *à part.*

Iuste Ciel qu'à t'il dit !

MANLIE.

      C'est connoistre assez mal,
Et tres-mal expliquer le dessein d'vn riual,
Tulle veut ignorer qu'vn Consul & qu'vn Pere
A maintenir sa loy doit se monstrer seuere,
Et malgré cette teinte, estant seur de ma mort,
Pour me loüer encore il se faict quelque effort;
Qu'il est beau de loüer, ou du moins de le feindre
Vn genereux riual, quand il n'est plus à craindre,

Et qu'enfin il est beau de s'en monstrer amy,
Quand nous ne pouuons plus le craindre eu
     ennemy,
Et ne plus disputer sa Princesse à Manlie
Lors qu'auant l'épouser il doit perdre la vie :
Mais n'attends pas de moy mesme facilité,
Ie ne puis seconder ta generosité ;
Sur le point de mourir i'éuiteray le blâme
D'auoir pour vn moment abandonné ma flame,
I'ayme trop Decia pour ceder vn moment
Cette aymable Princesse aux vœux d'vn autre
     Amant :
Et ie m'accuserois de trop de perfidie
Si ie luy rauissois vn moment de ma vie ;
Comme aussi ie mourray content, & satisfait,
Si iusques à ma mort ie sçay qu'elle te hait ?
Voila tout le succez que peut auoir ta feinte,
Va, laisse moy mourir sans cette lasche atteinte.
          TVLLE.
O Dieux ! quelle surprise ! ô les ingrats esprits !
Que me veulent donc dire, & le pere, & le fils :
Torquate m'auertit quand ie loüe Manlie,
Qu'à le loüer encor il y va de la vie,
Et Manlie répond que ie fais quelque effort
Pour le vouloir loüer estant seur de sa mort ;
Et bien ingrat amy ? trop indigne de l'estre !
Ma mort suiura la tienne, & me fera connoistre,
Et malgré les soupçons que tu formes en vain
Ma mort fera mieux voir quel estoit mon dessein ;
Ouy ie meurs auec toy, si ton injuste pere
Pour se montrer Consul, veut se montrer seuere,
N'en doutez point Seigneur, la peine de la loy
Aura mesme rigueur pour Manlie & pour moy,
Mais plutost qu'auancer vn arrest temeraire
Voyez plus meurement ce que vous allés faire.

Et la nature doit vous donner quelque horreur
De condamner vn fils, & mesme vn fils vainqueur!
TORQVATE.
Ton discours me deplaist autant comme il m'of-
    fence,
Tay-toy, ne parle plus, laisse là sa deffence,
Sa mort est resolue ; & sçache qu'auiourd'huy
Qui peut en murmurer peut perir auec luy.
TVLLE.
Pere denaturé, c'est ce que ie souhaite,
Et puis qu'à le loüer il y va de ma teste,
Ie vous l'ay deja dit, & ie vous le redis
Qu'on ne peut trop vanter ce qu'à fait vostre fils:
Que dās ce seul combat il acquiert plus de gloire
Que s'il eust des Romains eu l'entiere victoire,
Qu'il s'est montré Remain en violant la loy
Qui dans vn moindre cœur eûst ietté quelque
    effroy,
Qu'ainsi desobeïr est vn fort leger crime :
Que le commettre enfin, c'est estre magnanime ;
Et pour plus m'engager aux rigueurs de l'arrest,
Ie l'avoüeray, Seigneur, ie voudrois l'auoir fait!
Iugez apres ces mots si vous deuez suspendre
La mort qu'auec Manlie icy ie veux attendre ?
TORQVATE.
Saisissez-le Soldat :
TVLLE.
          Il n'en est pas besoin ;
Vous voyez bien qu'à fuïr ie ne prends aucun soin.
TORQVATE.
Et bien Manlie, & bien, considere & contemple
Quels maux dans nostre Camp va causer ton
    exemple,
Puis qu'vn chacun hardy par ta temerité
D'outre-passer la loy prendra la liberté;

'A peine de ton crime a t'on eu connoiſſance,
Qu'on appelle vertu ta deſobeiſſance,
Et que Tulle trouuant à ſon gré ton forfait
Dit iuſques deuāt moy qu'il voudroit l'auoir fait
 à Tulle. Mais auſſi ce diſcours te couſtera la vie
Rendant ton crime eſgal à celuy de Manlie,
Et voulant l'auoir fait, le dire deuant moy,
Plus que Manlie encor c'eſt violer la loy:
Mais i'arreſteray bien par ta mort exemplaire
Qui voudroit l'auoir fait, & qui voudroit le faire.

MANLIE.

Ah Seigneur! ſuiuez moins ette ſeuerité
Qui vous fait condam ει ſa generoſité;
V yez mieux le deſſein d'vn riual magnanime,
Qui ſe rend criminel pour amoindrir mon crime,
Ie connois maintenant qu'il eſt trop genereux.

TORQVATE.

Il en mourra? Soldats conduiſez-les tous deux.

EMILE.

Mais Seigneur, voudriez-vous ſans conſulter
 Decie,
A deux vaillans Romains faire perdre la vie.

TORQVATE.

I'y vay, demeure: Emile a bien quelque raiſon;
Qu'ils ayent cependant ma tente pour priſon.

Il s'en va.

EMILE. *le ſuiuant*

Seigneur, ne doutez pas qu'en ſeruiteur ſincere
Ie ne faſſe agir tout pour changer voſtre pere.

SCENE V.

MANLIE, TVLLE, VN SOLDAT.

MANLIE.

TA generosité m'a tellement surpris,
  Que ie ne sçay qu'en dire en l'estat où ie suis,
Proteger vn riual qui te va faire place,
Et hazarder ta vie à suiure sa disgrace,
Quoy ! peux tu secourir vn riual malheureux,
Trop veritable amy, & par trop genereux,
Ou pourray-ie souffrir qu'vn tel homme perisse,
Qu'vn illustre innocent partage mon suplice,
Et qu'vn iniuste pere ait assez de rigueur
Pour te ioindre à la mort d'vn coupable vain-
  queur :
Non non fidele amy, i'auray trop de courage
Pour te laisser choisir vn si triste partage,
Et i'espere obtenir auant que de mourir
Ta grace......

TVLLE.

Si tu meurs on me verra perir,
Et deusse-ie à ses yeux renouueller mon crime,
Ie veux suiure ta mort, & seray sa victime ;
N'admire plus pourtant qu'vn riual ennemy
Iusqu'à mourir pour toy deuienne ton amy,
Ce n'est pas qu'en effect ie n'ayme ma Princesse,
Mais par ce mesme amour ton malheur m'interesse,
Et ie puis esperer, si ie meurs auec toy
Parmy tous ces regrets quelques soupirs pour moy ;

Ie

Ie luy plairay du moins sacrifiant ma vie
Pour ce qu'elle a de cher, pour elle, & pour Manlie;
Mais allons, cher riual, auant que de mourir
Chercher le seul moyen qui nous peut secourir,
Escrire à Decia, presenter ta conqueste,
Et luy sacrifier ta vie auec ma teste.

MANLIE.

Ie veux plutost aller d'vn effort genereux
L'exhorter à te rendre apres ma mort heureux.

TVLLE.

Ie te suiuray pourtant;

MANLIE.

Tu n'es pas le coupable ?

TVLLE.

Ie voudrois l'auoir fait, & mó crime est semblable,
Mais sans plus prodiguer de ces rares moments,
Allons paracheuer d'estre parfaits Amants.

MANLIE.

Ce transport d'amitié me fait beaucoup de peine.

LE SOLDAT.

Vous pourrez mieux escrire en la tente prochaine.

MANLIE.

Ie te prie pourtant en ce pressant malheur
D'accorder vn moment à mon esprit resueur;
Ie te suis à l'instant.

TVLLE.

Et bien ie vay t'attendre.

MANLIE.

Ie ne manqueray pas, cher amy, de m'y rendre.

SCENE VI.

MANLIE, *seul.*

ET bien s'il faut mourir , mourons auecque
        gloire,
Monſtrons plus de courage à la fin de nos iours;
Quoy que ce ſort ſoit rude apres vne victoire ,
Ie vois ſans murmurer en terminer le cours?
Pere denaturé ſatisfais ton caprice ?
      Et bien que ta ſeuerité
      Euite moins l'impieté,
      Qu'elle ne reſſent l'injuſtice?
      Ie ſuis preſt d'aller au ſuplice,
      Sans en eſtre plus irrité;
Ie ſçay qu'à viure encor mon amour m'intereſſe,
Qu'vn iniuſte treſpas me rauit tout eſpoir
De iamais poſſeder ma diuine Princeſſe,
Que ie dois me reſoudre à ne la iamais voir ;
Mais malgré mon amour, ma mort eſt neceſſaire;
      Et le beau titre d'amoureux
      Ne me rend ny moins malheureux,
      Ny ne peut adoucir mon pere,
      Et tout ce que ie pourray faire
      C'eſt de rendre vn ſang genereux.
Quoy ? mourir de la ſorte, & voler au ſuplice !
Sans pouſſer vn ſoupir auant perdre le iour ?
Qui peut me deſgager ſans faire vne injuſtice
Du ſerment que i'ay fait d'vne eternelle amour ?
Ah ! i'y ſuis trop ſenſible, & puis qu'il faut que
      i'ayme

Retire toy ? que me veux-tu ?
Austere & barbare vertu,
Ie sens mon amour à l'extreme,
Et m'accuse desia moy-mesme
D'auoir vn peu trop combattu :
Mais enfin que pretend le trouble de mon ame ?
Ie condamne tantost l'excez de mes douleurs,
Tantost ie m'abandóne aux trásports de ma flame,
Et crois auant mourir luy deuoir quelques pleurs;
L'vn s'offre à mon amour, & l'autre à mon courage;
  Ils s'offrent tous deux, mais en vain ?
  Ie ne peux prendre nul dessein,
  Sans me faire vn insigne outrage,
  Car quoy qu'à mon desauantage
  Ie suis amoureux, & Romain.
Contraires passions où mon fort s'interesse,
Qui vous peut obliger à partager mon cœur,
Sans trahir mon amour, ou faire vne foiblesse
Ne puis-je pas mourir en amoureux vainqueur,
Monstrez-moy que ie suis genereux, & fidele :
  Helas ! ie voy bien qu'auiourd'huy
  Decia fait tout mon ennuy,
  Que mon honneur m'est moins rebelle,
  Et ie veux plus viure pour elle
  Que ie ne veux mourir pour luy.
Allons donc mon amour sans plus perdre de temps
Escrire à Decia, quels sont mes sentimens;
Allons luy descouurir le trouble de mon ame,
Et que ie cede enfin aux transpors de ma flame.

Fin du troisiesme Acte.

ACTE IV.

SCENE I.

*MANLIA, DECIA, L'vne & l'autre
deguisées en habit d'hommes.*

MANLIA.

ENFIN il va venir, & nous allons
    sçauoir
Si l'ordre du Senat aura quelque
    pouuoir ?
Ou si par cette feinte il ne remet
    l'injure,
Nous pourrons faire agir l'amour & la nature,
Moderons cependant nos plus iustes douleurs
Pour feindre tout a fait faisons cesser nos pleurs,
N'en donnons maintenant que le seul témoignage
Que pourroit appreuuer le plus masle courage ;
Ne plaignons nos amans que côme deux guerriers
De qui Rome pretend mille noūueaux lauriers :
En vn mot quelque-temps cachons-bien qui nous
    sommes,
                         (mes,
Auec ces faux habits prenons les mœurs des hom-

Et deguifons fi bien nos tendres fentimens
Que nous puiffions tróper mon pere, & nos amans.
DECIA.
Ah chere Manlia que cette loy m'eft dure !
Pourray-ie enuers Manlie vfer d'vne impofture ?
Pouray-je le tromper, & pouray-je le voir,
Ou fans me defcouurir, ou du moins m'efmouuoir;
Verray-ie que Torquate en Iuge inexorable
Condamne deuant moy cét illuftre coupable,
Sans me faire connoiftre, & montrer mon amour
A mourir apres luy s'il doit perdre le iour.
MANLIA.
Ie fuis de voftre auis, mefme amour qui me preffe
A me faire connoiftre, au plutoft m'intereffe,
Mais du moins il faut dire en Romains inconnus
De la part du Senat que nous fommes venus,
Qu'il fait la mefme grace à Manlie qu'à Tulle:
Nous verrons s'il aura l'efprit affez credulle;
Ou s'il s'opiniaftre à l'arreft de leur mort,
Nous nous defcouurirons & fuiurons mefme fort.
DECIA.
Helas, ie ne fçaurois auoir cette conduite,
Au pitoyable eftat où ce fort m'a reduite:
Mais puifqu'ayant à perdre vn frere, & vn amant,
Vous conferuez encor quelque raifonnement;
Examinés mieux tout, conduifez la Fortune
Qui dans ce dernier coup nous dóit eftre cómune:
Pour moy ie ne fçaurois dans l'eftat où ie fuis
Penfer à foulager vn moment mes ennuis,
Ou fi ie veux par fois chercher quelque remede,
Il paroit prefque egal au mal qui me poffede ;
Ie demeure incertaine, & ie ne peux fçauoir
Si ie dois toufiours feindre, ou bien me faire voir;
Ie voudrois me monftrer au pere de Manlie,
Obtenir à fes pieds fon pardon, & fa vie,

E iij

Mais moderant l'effort de cette passion
I'y crois apperceuoir trop de confusion ;
L'austerité Romaine a trop de retenüe ,
Et ie luy nuïray moins demeurant inconnüe :
Mon sexe me reprend quoy que tout deguisé,
D'auoir trop entrepris, & d'auoir tant osé,
Puis que c'est prophaner la sainteté de Rome
Que venir dans vn camp sous les habits d'vn hóme,

MANLIA.

Quittez-là ce scrupule & songez seulémeñt
Aux moyens les plus seurs de sauuer vostre amant;
L'amour dans chaque iour fait des plus grands
    miracles,
Et pour se conseruer ne treuue point d'obstacles,

DECIA.

Helas ! ie crains pourtant que nos efforts soient
    vains.

MANLIA.

Il faut mieux esperer.

EMILE. *s'approchant*

    Torquate vient Romains,

MANLIA.

Aussi l'attendions nous auec impatience:
  à Decia bas. Montrons fort peu d'amour ,
      & beaucoup de prudence.

SCENE II.

TORQVATE, MANLIA, DECIA, EMILE.

MANLIA.

SEigneur nous apportons grace pour voſtre fils,
Le Senat luy pardonne, & ſon crime eſt remis :
A peine a t'il apris qu'apres vne conqueſte
Vous alliez à nos loix ſacrifier ſa teſte,
Que ne pouuant ſouffrir cette inhumanité
Il a voulu par nous monſtrer ſa volonté,
Abſoudre vn criminel qu'à ſuiuy la victoire,
Qu'on ne ſçauroit punir enuironné de gloire ;
Le peuple murmurant d'vn ſi ſeuere Arreſt,
A ſauuer voſtre fils prend le meſme intereſt,
Et l'on eut veû dans Rome vne reuolte entiere
Si ſa grace auſſi-toſt n'euſt ſuiui ſa priere :
Mais par ce mot de grace il luy fut trais-ayſé
De pacifier tout, & tout eſt appaiſé ;
Ainſi ſans les rigueurs d'vn Iuge trop ſeuere
Conſeruez voſtre fils, & ne ſoyez que pere,
Puis qu'vn crime effacé ſupprime ſon erreur,
Et ne peut amoindrir ce qu'à fait ſa valeur :
Voyez auec plaiſir vn fils digne de l'eſtre,
Toutes ſes actions le font aſſez conneſtre,
Et ne conſeruez pas vn triſte ſouuenir
De ce que iuſtement vous ne pouuez punir ?
Pour Tulle qui luy meſme a cherché ſa diſgrace,
La bonté du Senat luy donne meſme grace,

Et veut plutost qu'il meure auecque voftre fils,
En combattant pour Rome entre nos ennemis.

TORQVATE.

Le Senat donne grace à Tulle, il le peut faire:
Mais il ne peut m'ofter l'authorité de Pere?
Quoy qu'à prefent Manlie ayt fon crime remis,
Ie fuis pere, & ie peux le condamner en fils;
Ce pouuoir fouuerain que Donne la nature,
Me fournit des moyens à n'eftre pas parjure,
Et malgré le Senat, & fon autorité,
La mort fera le prix de fa temerité.

DECIA *à part*.

Ah cruel!

TORQVATE.

Le Senat eft affez raifonnable:
Qui viole les loix eft-il fi peu coupable?
Et le Senat doit-il fi peu les fouftenir,
Qu'il luy donne la grace au lieu de le punir:
Mais puis que malgré luy ie refte toûjours pere,
Ie fçauray mieux que luy punir vn temeraire:
Si Rome a fubfifté par la vigueur des loix,
Peut-on ne punir pas de femblables exploix;
Doit-on expofer Rome à ce qui luy peut nuire,
Et le Senat doit-il ayder à la deftruire?
Non, la mort de mon fils peut mieux la maintenir:
à Emile. Allés dans cette tente, & le faites venir:
Que Tulle deliuré ioüiffe de fa grace:
Mais qu'il ne vienne plus eftaler fon audace,
Qu'il forte de ma téte, & des plus prochains lieux
Qu'il ne puiffe iamais fe montrer à mes yeux.

Emile s'en va.

DECIA *bas*.

Ie le verray du moins.

MANLIA.

> Voftre conduite eft rare,

Et femble fort tenir du tigre & du barbare ?
Qui iamais euft recours (le crime eftant remis)
A ce qu'vn pere peuft, pour condamner fon fils ?
N'eft-ce pas renuerfer les droits de la nature,
Changer fes mouuemens en haine, ou impofture,
Et pour l'aneantir, felon voftre difcours,
N'eft-ce pas d'elle mefme emprunter du fecours ?

TORQVATE.

Il n'eft plus de nature, & ma feule Patrie
Fait que ie ne connois ny mon fang, ny Manlie,
Et m'eftant obligé d'vn ferment folemnel,
Ie ne le connois plus que comme vn criminel ?
Mais il vient.

DECIA *bas*.

> Le voicy, Dieux ie le voy ! quel trouble !

Ainfi que mon amour ma crainte fe redouble.

SCENE III.

TORQVATE, MANLIE, MANLIA, DECIA, EMILE, VN SOLDAT.

TORQVATE.

Genereux criminel, miferable vainqueur,
A mefprifer la vie as-tu le mefme cœur
Qui caufa ta victoire, & qui fit ton offence :
Ta mort peut reparer ta defobeiffance,

Remettre à ton païs la vigueur de ses loix
Qu'on pourroit violer vne seconde fois ;
Il est vray que ton sort semble changer de face,
Le Senat te pardonne , & t'enuoye ta grace :
Mais estant né mon fils, ou s'il te peut rester
Quelque peu de mon sang, pourras-tu l'accepter ?
La grace qu'il te fait n'amoindrit point ton crime,
Rome , & toutes ses loix te veulent pour victime :
Voudrois-tu faire dire aux siecles à venir
Qu'on l'a trop exposée à ne te pas punir ?
Et veux-tu qu'on reproche au fils du grand Manlie
Qu'il ayma mieux la perdre , & conseruer sa vie ?

DECIA bas.

Dieux ! quelle politique, & quel raisonnement !

TORQVATE.

Voy quelle lascheté suiuroit ce sentiment ;
Meurs genereusement pour sauuer ta patrie ;
Pour conseruer ses loix abandonne ta vie ,
Fais voir auec eselat ta generosité :
Donnes-en cét exemple à la posterité ,
Et prefere à ta grace vne mort legitime
Qui conseruera Rome en punissant ton crime :
Car enfin n'attends pas de mon affection
Que ie puisse souffrir vne telle action ,
Et que pour conseruer la vie d'vn seul homme,
A mille audacieux ie veüille exposer Rome ?
I'ay d'autres sentimens cherissant mon païs ?
Ouy ie te iuge en pere ,& te condamne en fils :
Et dans ce mesme iour ta mort suiura ta grace ,
Deusse je du Senat encourir la disgrace.

DECIA bas.

Dure obstinination.　　　　　　　*Emile s'en va.*

MANLIA bas.

　　　　　　Qui pourroit le changer ,
Puis que comme son Pere il pretend le iuger.

MANLIE.

I eft iufte, Seigneur, qu'vn criminel periffe,
Ie refufe ma grace acceptant mon fupplice.

DECIA *bas.*

Ah cruel ! à quoy bon t'obftiner à perir.

MANLIE.

Mais ie voudrois du moins côbattre auant mourir,
Gagner pour mon païs vn combat legitime ;
De mille ennemis morts luy faire vne victime :
Aprés auoir rendu chaque Latin foumis,
Pour vous eftre immolé vous rendre voftre fils :
Accordez cette grace, il aura plus de gloire
A fe facrifier apres vne victoire ;
Ce n'eft, ni pour fonger à quelque feureté,
Ni pour mefme éuiter voftre feuerité :
Mais pour conferue Rome auecq; quelque eftime,
Sans luy vouloir pourtant defrober fa victime ;
Ie pretends feulement, d'vne rare boûté,
Pour combattre, & mourir, ce peu de liberté.

DECIA *bas.*

Peut-il luy refufer.

MANLIA *bas.*

Sera t'il inflexible.

TORQVATE.

Ie ne puis t'accorder vne grace impoffible,
I'ay de ton crime enorme vn trop fort fouuenir,
Pour te recompenfer au lieu de te punir ;
Mourir pour fon païs, mourir pour fa deffence
Parmy fes ennemis, c'eft vne recompenfe ;
C'eft vn digne fujet de ton ambition :
Mais il te faut Manlie vne punition ;
Ie ne puis t'accorder cette injufte requefte,
Pour te donner l'honneur de faire vne conquefte,
Et bien-loing de perir dans le premier affaut,
Tu mourras auiourd'huy deffus vn efchaffaut.

DECIA *bas.*

Il ne mourra pas seul.

MANLIA.

Rejettés ce caprice :
Voſtre perte, Seigneur, peut ſuiure ſon ſuplice,
Voyez mieux du Senat le ſuprème pouuoir :
Vous y deuez ſonger, ſuiuez voſtre deuoir ;
A punir voſtre fils cette perſeuerance
Va meſpriſer ſes loix, & brauer ſa puiſſance ;
Suiuez ſans murmurer l'ordre de ſes decrets,
Et ſacrifiez luy vos propres intereſts :
L'opiniatreté vous rend inexcuſable,
Et plus que voſtre fils vous paroiſtriez coupable ;
Si vous reuerez tant la ſainteté des loix
Le Senat vous en donne, & ſe ſert de ma voix ;
Pourrez-vous euiter le cours de ſa juſtice
Si vous les violez par voſtre ſeul caprice :
Voſtre ordre meſpriſé dans vn ſimple combat
A t'il plus de rigueur que celuy du Senat ;
Conſiderez, Seigneur, que la mort de Manlie
Ne ſera qu'vn moyen pour vous rauir la vie :
Il vous condamneroit, & vous ſeriez iugé,
Ainſi que voſtre fils, par voſtre prejugé ;
Quittez donc ce deſſein barbare, illegitime,
Puis qu'auſſi bien ſa mort vous charge de ſon
          crime,
Et n'eſtabliſſez pas vne injuſte rigueur
Qui de ſon ſecond coup puniroit ſon autheur ?
Car ne pretendez pas ſous le titre de pere
En pouuoir fuir l'effect, le coup eſt temeraire ;
Manlie eſt au Senat plutoſt qu'il n'eſt à vous,
Si vous verſez ſon ſang, vous armez ſon courroux ;
Son ſang qui peut toûjours garentir nos murailles,
Et qu'on ne doit verſer qu'au milieu des batailles.

TORQVATE.

TORQVATE.

Ie ſçay ce que ie fais, vos diſcours ſuperflus
Ne font que m'irriter, ainſi n'en parlons plus:
Sans choquer le Senat punir vn temeraire
C'eſt ce que ie reſous, c'eſt ce que ie veux faire,
Et ie ne voudrois pas perdre ce criminel
Si l'arreſt de ſa mort me deuoit rendre tel ;
Quoy que ce que ie dis vous ſemble eſtre vn
      myſtere,
Ie le redis encor, Ie le punis en Pere ;
Le Senat eſt trop iuſte, & doit aſſez preuoir
Que nulle loy ne peut me rauir ce pouuoir :
Ou ſoit qu'enfin ie puiſſe encourir ſa diſgrace
Faiſant mourir Manlie, & ſuprimant ſa grace :
Sans vous inquieter laiſſez m'en tous les ſoins,
Et d'vne iuſte mort venez eſtre teſmoins.

DECIA *bas.*

Que nous vient d'ordonner le plus cruel des
      hommes ?
Rien ne le peut fleſchir, deſcouurons qui nous
      ſommes :
Ou pluſtoſt moderant l'excez de ma douleur ;
Il faut dire Manlie vn mot en ta faueur :
à Torquate.   Ah ! Seigneur i'ay gardé trop long-
      temps le ſilence,
Il eſt temps deſormais de prendre ſa deffence,
Sans toutes ces raiſons qui font voſtre courroux
Ie pourray vous fleſchir par des moyens plus doux ;
Quoy qu'ait fait voſtre fils, quoy qu'ait peû ſon
      audace ,
La nature, & l'amour vous demandent ſa grace ;
Pourriez vous refuſer dans ce malheureux iour
Manlie à la nature, & Manlie à l'amour ?
Rompre ce nœud ſacré, qui faict que l'on reuere
Le Pere dans le Fils, & le Fils dans le Pere ?

Armer contre vous-mesme vn injuste couroux,
Et prodiguer enfin vn sang qui sort de vous :
Ah ! plutost escoutez l'équitable murmure
Que vient de sousleuer l'amour & la nature,
Vous n'amoindrirez-pas la vertu d'vn Romain
Pour conseruer encor quelque chose d'humain ?
Croyez, croyez Seigneur, que tout esprit s'egare
Qui pour estre Romain veut deuenir barbare,
Et c'est estre au contraire indigne d'vn tel rang,
Que vouloir se souïller dedans son propre sang.

TORQVATE.

Si vous estes prudent, reprenez le silence,
Il est temps desormais de quitter sa deffence,
Ma bonté s'est lassée, & ne peut escouter
Ces vains raisonnemens sans beaucoup s'irriter :
Dans l'interest de Rome il n'est plus de nature,
Ie cours aueuglement à venger son injure,
Et comme vn criminel qui viole la loy
Manlie va mourir, & mourir deuant moy :
Ie me fais cet effort.

MANLIA *bas.*

Vist-on telle injustice?

TORQVATE *poursuiuant.*

Ma presence pouuant augmenter son suplice ;

DECIA.

O Tigre !

TORQVATE.

Ouy, ie seray moy-mesme spectateur
De la punition de ce violateur :
Emile cependant

LE SOLDAT.

Il reuient tout à l'heure

Ie le voy?

MANLIA *bas.*

Faut-il donc que ce cher frere meure.

EMILE, *rentrant.*
Deux Romains deputez preſſent de vous parler
D'vn ſecret qu'à vous ſeul ils veulent reueler.

TORQVATE.
Sans doute il faut iuger que l'ennemi s'auance,
Et c'eſt ſur ce ſujet quelque auis d'importance:
Ie vay voir ce que c'eſt? Emile cependant
Gardez le criminel dans mon appartement?
Vous ſoldat, ſur le ſoir ayez ſoin du ſuplice.
 Il s'en va, le Soldat le ſuit.

DECIA *bas.*
Ah plutoſt que l'armée, & tout le camp periſſe.

SCENE IV.

MANLIE, MANLIA, DECIA,
EMILE, *ſe retirant.*

MANLIE.
ROmains trop genereux, qui vous peut obliger
A prendre mon party juſqu'à me proteger;
Quel eſt voſtre deſſein vous rendant redeuable
Manlie malheureux, & Manlie coupable?
Ie n'ay plus maintenant de biens à diſpenſer,
Et ce n'eſt plus à moy de vous recompenſer:
Sans plus taſcher en vain de radoucir mon pere
Ne vous expoſez plus aux traits de ſa colere,
Et puis que vous auez pour moy tant combattu,
Fuyez, fuyez l'effect d'vne horrible vertu
Qui l'oblige à penſer que qui prend ma deſſence,
Partage auecque moy ma deſobeiſſance,
 F ij

Que celuy qui souſtient vne telle action
Merite iuſtement meſme punition:
Fuyez donc de ce lieu, ſans nul autre ſcrupule,
Il vous condamneroit comme il condamna Tulle,
Et ſans vous dés ce ſoir il mourroit auec moy,
Pour auoir preferé ma deffence à la loy ;
Receuez cét auis comme vne recompence,
Abandonnez ce camp, & quittez ma deffence.

DECIA.

Abandonner ces lieux ? cruel à quel propos ?
Pour y-ie en d'autres lieux trouuer quelque repos?
Sçachant que dans ce camp on a preſcrit ta teſte,
Et lors que ie la vois à tomber toute preſte?
Non, nous deuſt-on cent fois immoler à la loy,
Nous obtiendrons ta grace, ou mourrons auec toy ;
Ce diſcours te ſurprend, auſſi c'eſt trop ſe taire,
Il faut te deſcouurir vn amoureux myſtere :
Sous ces habits trompeurs reconnois Decia !

MANLIA.

Reconnois ſous ceux-cy ta chere Manlia!

MANLIE.

Ah Madame ! ah ma Sœur ! où ſuis-je ; eſt-ce
     vous-meſme ?
Pardonnez aux tranſports d'vne ſurpriſe extreſme ;
   Se iettant à genoux.
O Ciel trop fauorable ! ô Dieux cruels & doux !
Diuine Decia ſouffrez qu'à vos genoux
Vn ſilence eloquent vous teſmoigne ma ioye ;
Ie vous vois, il eſt vray, faut-il que ie le croye ;
Ah craignez que l'excez de ce contentement
Plutoſt que le Conſul vous priue d'vn amant.

DECIA.

Helas mon cher Manlie !

MANLIE.

Eſt-ce vous !

DECIA.
                  C'eſt moy-meſme
Que tu vois dans ce camp.

MANLIE.
              Quel eſt ce ſtrata geme ?
DECIA.
L'amour m'y a conduitte & ma falt tout oſer.

MANLIE.
Mais chere Decia pourquoy vous expoſer ?
DECIA.
Pour te ſuiure à la mort, ou obtenir ta grace.

MANLIE.
O miracle d'amour !
DECIA.
              Mais comble de diſgrace !

MANLIE.
Vous voir auant mourir eſt mon ſort le plus doux,
Mais trop cruel auſſi de mourir deuant vous.

DECIA.
Ie ſuiuray ton deſtein, quel que ſoit ſon caprice.

MANLIE.
Qu'auecque moy plutoſt Rome entiere periſſe.

DECIA.
Tu mourrois donc ſans moy ?
MANLIE.
              Ie mourray iuſtement,

DECIA.
Ne partage-je pas le crime d'vn amant,
Et n'approuue-je pas tout ce que tu peux faire.

MANLIE.
I'ay ſeul outre-paſſé les ordres de mon pere,
Vous eſtes innocente, & le crime eſt à moy.

DECIA.
Eſtant dedans ton cœur i'ay failly comme toy.

MANLIE.
Cét injuste dessein augmente mon suplice.
DECIA.
Peux-tu me le rauir sans me faire injustice ?
MANLIE.
Au nom de nostre amour, viuez au nom des Dieux,
Gardant le souuenir d'vn amant malheureux.
DECIA.
Cher Manlie peux-tu m'empescher de te suiure,
Et de mourir enfin si tu cesses de viure ?
MANLIE,
Fâcheux raisonnement !
DECIA.
               Quel excez de malheur !
MANLIE.
Voila ma Decia quel est nostre bon-heur.
DECIA.
N'auois-ie pas raison de craindre, & de le croire ?
MANLIE.
Vous deuiez estre helas ! le fruict de ma victoire,
Et dés que i'ay peu faire vne belle action,
L'on change auec la mort vostre possession.
DECIA.
Auec beaucoup de peur i'en attendois l'issue,
Et l'Oracle rendu des Dieux qui m'ont deceüe,
Ne peut me deceuoir d'vn espoir trop flateur :
I'aprehé dois tousiours quelque nouueau malheur !
MANLIE.
Enfin preparez-vous à soustenir l'orage,
Ce coup demande & veut vn ferme, & grand
            courage,
Et puis que vostre mort ne peut me secourir,
Continuez de viure & me laissez mourir :
Torquate a dõné l'ordre, & l'on dresse à cette heure
L'eschaffaut sur lequel il faudra que ie meure ;

Madame, i'y mourray sans crainte, & sans effroy,
Si vous m'aymez toufiours, & viuez apres moy?
Pour vous ma chere sœur, si mon esprit s'egare
A ne pas reconnoistre vne amitié si rare,
Si suiuant la coustume, & l'instinc des amans,
Ie donne à Decia mes premiers monuemens:
Ce cœur pourtant répli de trouble & de murmure,
Est ainsi qu'à l'amour sensible à la nature:
Tous vos soins me sont chers, & ce funeste iour
Fait voir que l'amitié peut esgaler l'amour,

MANLIA.

Ie n'en doutay iamais, & vostre esprit s'abufe
Dans cette occasion à chercher vne excufe:
Dans le contentement que i'ay de vous reuoir,
Ie songe seulement à former quelque espoir,
A pouuoir destourner le coup qui vous menace,
Et flechissant mon pere obtenir vostre grace.

MANLIE.

Il est trop inflexible, & ce seroit en vain.

DECIA.

Eh de grace Manlie approuue son dessein?

MANLIE.

C'est à moy d'obeïr, ie ne puis vous deplaire,
Mais pour rien obtenir ie connois trop mon pere:
Puisque vous le voulez, dans cet appartement
Allons sur ce sujet consulter vn moment.

Fin du quatriesme Acte.

ACTE V.

SCENE I.

TORQVATE, *seul.*

EST-ce ainſi qu'on me ioüe? & quelle eſt cette audace?
Dieux! oſer du Senat ſupoſer vne grace;
Me l'offrir pour mon fils, preſſer ſa liberté;
A t'on pû voir iamais telle temerité?
Peut-on aſſez punir par quelque affreux ſuplice
Le criminel auteur d'vn ſi noir artifice:
Tout inconnu qu'il eſt, il doit fremir d'horreur
Du crime qu'il a fait, & de ma propre erreur,
Qu'il ſonge au chaſtiment que ſon crime merite,
Que le Ciel ne ſçauroit permetre qu'il l'éuite,
Et s'il peut eſchaper à cette autorité
Qu'il vient de prophaner par ſa temerité.

SCENE II.

TORQVATE, VN SOLDAT.

LE SOLDAT.

Seigneur l'on les a pris sans nulle resistance.

TORQVATE.

Ils sont pris, il suffit qu'ils soient sous ma puissance,
Ie sçauray tout bien-tost , & ce seroit en vain
Qu'ils voudroient s'obstiner à cacher leur dessein,
La crainte des tourmens, & l'horreur des supplices,
Feront bien descouurir l'autheur, & ses complices;
Cependant vn Coureur m'a dit que ce matin
On auoit reconnu quelque estendart Latin:
Va dire qu'on soit prest de se mettre en deffence ,
　Il s'en va.
Et viens tost m'auertir si l'on voit qu'il s'auance:
Mais que me veut Emile, est-ce quelque autre auis.

SCENE III.

TORQVATE, EMILE.

TORQVATE.

Qvi te peut obliger à separer mon fils ?

EMILE.

Seigneur, munissez-vous d'vn peu de patience,
Les Deputez .....

TORQVATE.

Sont pris , & font fous ma puiſſance,
Ces Romains ſupoſez , ces fourbes deputez ,
Qui me feront raiſon de leurs temerités :
Ie voy bien que tu viens me demander leus grace ?
Mais l'ozeras-tu faire aprenant leur audace ?
Sçache que ces Romains que toy meſme tu vis
M'apporter du Senat la grace de mon fils,
N'auoient receu nul ordre, & que leur pur caprice
Taſchoit de me tromper par ce faux artifice ,
Car enfin i'ay tout ſçeu des derniers deputés ;
Ce n'eſt que ſur leur foy qu'on les tient arreſtés,
Ils veulent les conuaincre , & montrer leur men-
          ſonge.

EMILE.

Ce ſont des vains deſſeins où voſtre erreur vous
          plonge ,
Car enfin .....

TORQVATE.

          C'en eſt trop, Emile ſçache mieux
Qu'à ſouſtenir leur cauſe on ſe rend odieux ,
Aprés ce que i'ay dit, laiſſe là leur deffence ,
L'horreur de leur forfaict t'ordonne le ſilence ,
Leurs diſcours auront pû peut-eſtre t'abuſer,
Mais ie veux deuant toy qu'on les vienne accuſer
Qu'ils auoüent leur crime, & qu'vn iuſte ſuplice
Puniſſe leur audace, & m'en faſſe iuſtice ,
Car s'il faut les conuaincre auant que les punir,
Tu ſeras ſatisfaict , va fais les moy venir.

EMILE.

Dieux ! que m'ordonnés vous !

TORQVATE.

          Ah ie t'entends Emile !
Ie fais de ma vengeance vn deſſein intile ,

Leur fuite a preuenu sans doute mon courroux,
Mais dois je aprés cela me reposer sur vous,
Ou soit par industrie, ou soit par negligence
Que vous me rauissiez l'espoir de ma vengeance,
Ou que vous m'ayez peu trahir, ou negliger,
Ma rage ira sur qui m'empesche de venger,
A t'on si peu de soin d'executer mes ordres:
Ne verray ie en ce camp que trouble & que de-
     sordres:
Ne suis-ie pas de rang à me faire obeïr;
Ie fais des prisonniers, & vous les laissez fuïr:
Où sommes-nous Emile? & quelle consequence
Auroit l'impunité d'vne telle licence.

E M I L E.

Vous deuez moins douter de ma fidelité;
Ne craignez rien, Seigneur, ils sont en seureté,
Ce n'est que vost e sang. .....

T O R Q V A T E.

        Quoy iuste Ciel! Manlie
Auroit conceu de fuïr la lasche & noire enuie!
Emile, nommes-tu l'infame de mon sang:
Cette action dement & son pere & son rang:
D eux! pouuoit-il iamais s'en rendre plus indigne,
Pouuoit-il se noircir d'vn crime plus insigne:
Est-ce ce mesme fils qui mesprisa ma loy?
Qui sçachant sa rigueur n'en conceut point
     d'effroy,
Et qui pour accepter vn deffy temeraire
Se soumit à l'arrest d'vne mort necessaire;
Est-ce ce mesme fils dont Rome plusieurs fois
S'est veuë rafermir par mille beaux exploits?
Est-ce ce mesme fils qui m'apporta sa teste,
Qui fait pour se sauuer vne lasche retraite,

E M I L E.

Mais .....

TORQVATE.

Qu'il coure la terre, ou qu'il coure les mers,
Ie pourſuiuray ce laſche au bout de l'Vniuers,
Que la terre, ou que l'onde à l'enuy nous ſepare,
Fut-il chés le Latin, ou quelque autre barbare,
Mon cœur reſſentiroit vn reproche eternel,
Si ie n'allois chercher ce laſche criminel :
Qu'il ne penſe donc pas eſuiter ma iuſtice,
Il me verra par tout pourſuiure ſon ſuplice ;
Et vous, traiſtres ? de qui le criminel effort
A trahy ma vengeance, & retardé ſa mort…?

EMILE.

Si pourtant ¿…

TORQVATE.

Dans l'eſtat où mon ame eſt reduite,
Vcy ſi ie m'en dois prendre à l'autheur de ſa fuite :
Car enfin ce deſſein ne vient point de mon fils,
Il craint trop peu la mort, il a receu l'auis,
Et quelque amy trompeur ennemy de ſa gloire
A figuré ſa fuite, & moins laſche, & moins noire :
Sous des fauſſes raiſons ſon courage deceu
A ſans doute apreuué l'auis qu'il a receu.

EMILE.

Chacū de mes diſcours en vain vous fait ombrage,
Connoiſſé mieux Manlie, il a trop de courage,
Et pour luy cette fuite auroit ſi peu d'appas,
Qu'il voudroit mieux attédre vn glorieux treſpas.

TORQVATE.

Emile tu me rends ma ioye auec vſure,
Tu bannis ma frayeur, ton diſcours me raſſeure :
Tu me monſtres aſſés, laiſſant à part la loy,
Que i'ay produit vn fils braue, & digné de moy ?
Mais qu'eſt-ce que tátoſt tu craignois de me dire ?

EMILE.

EMILE.

Les Deputés ....

TORQVATE.

Sont pris, cela me doit suffire,

EMILE.

Ils sont en seureté, mais les connoissez-vous ?

TORQVATE.

Quels qu'ils soient pourront-ils éuiter mon
courroux ?

EMILE.

Voudriez-vous tout a fait perdre voftre famille ?
L'vn de ces Deputés est ....

TORQVATE.

Qui donc ?

EMILE.

Voftre fille.

TORQVATE.

Emile que dis tu, ma fille dans ces lieux ?

EMILE.

Elle mefme a tantoft peu deceuoir vos yeux,
Et fous de faux habits, & l'action d'vn homme
Faire le Deputé du Senat & de Rome.

TORQVATE.

Ah quel trouble eft le mien ! n'ay-je donc des
enfans
Que pour m'inquieter fur la fin de mes ans ;
Verray ie donc ainfi ternir vne famille
Dont le nom iufqu'icy triomphe, efclatte & brille ?
Quoy ma fille a donc pû (laiffant toute pudeur)
Iufques dedans vn camp hazarder fon honneur :
D'où pourroit prouenir vne telle licence ?
Quelle eft cette action ? quelle eft fon infolence ?
Que peut-elle efperer de ma feuerité :
N'eft-ce point prophaner la fainte aufterité :

N'eſt-ce point s'expoſer aux traits de la cenſure,
Et ne craint-elle pas que chacun en murmure :
Venir dedans vn camp, quoy que ſeule d'ailleurs,
Auec vn ſeul Romain, ſous des habits trompeurs,
N'eſt-ce pas dans l'excés, eſtre imprudente & lache,
N'eſt ce pas ſe noircir d'vne eternelle tache ?
Mais acheue de grace, & malgré ma douleur
Dis-moy quel eſt le nom de ce ſeul conducteur.

EMILE.

Decia.

TORQVATE.

Decia ? Dieux qu'en dira Decie !
Quel trouble en nos maiſons nous va cauſer
          Manlie !
O prodige innouy d'vn amour dereglé !
Mon cœur s'eſt à ſon nom nouuellement troublé,
Et ie ſens plus d'horreur d'auoir ſceu ſon caprice
Que quand i'ay de ma fille appris tout l'artifice,
Ie crois que de mon fils le ſupreme malheur
Deuoit moins hazarder l'amante que la ſœur :
Quel que ſoit le recit d'vne telle auanture,
L'on pardonnera moins l'amour que la nature,
Et la nature peut donner des mouuemens
Que malgré l'amour meſme il faut taire aux amãs,
L'amour plus veritable, & l'amour plus connuë,
Veut moins d'emportemens, & plus de retenuë,
Et la pudeur du ſexe, en tous autres eſprits,
Sans doute eut moderé l'ardeur d'vn cœur épris.

EMILE.

Elles ont crû pouuoir ſuiure cette maxime,
Qu'il eſt beau de faillir quãd l'amour fait le crime,
Mais enfin. . . .

TORQVATE.

N'eſt ce pas Manlia que ie voy,

SCENE IV.

TORQVATE, MANLIE,
MANLIA, DECIA,
EMILE.

MANLIA.

O VY Seigneur, ie la suis, n'en doutez plus,
    c'est moy ?
Puis que mon amitié vous est assez connuë,
Cessez de vous troubler & souffrez cette veüe,
C'est elle qui m'a fait venir iusqu'en ces lieux,
Ie n'ay peu negliger des moments precieux
Dont chacun auançoit la perte de Manlie,
Et i'ay volé de peur de le trouuer sans vie.

TORQVATE.

Dieux quelle est ton audace , & quelle est ma
    douleur,
Fille sans iugement, & sans nulle pudeur,
Ne valloit-il pas mieux demeurer inconnue ?
Ozes-tu m'approcher, & t'offrir à ma veuë,
Ignores-tu ton crime, & que ton action
Va causer ta ruïne, & mon affliction :
Et ne sçauoit tu pas qu'vne telle impudence
Pourroit contre toy-mesme armer la medisance ?
O mortel deplaisir ! ô pere infortuné,
Dans ton vnique fils tu vois vn condamné,
Et le reste fatal d'vne illustre famille
Ne te sçauroit laisser qu'vne imprudente fille.

Helas l'eusse-je crû ! quelle estoit mon erreur?
à Manlie. Rome en toy pretendoit trouuer son
        Protecteur ;
à Manlia. Et pour toy mon amour allant iusqu'à
        l'extresme ,
Ie pretendois en toy trouuer la vertu mesme:
Mais par ton action tu trahis ta vertu,
Et contre Rome enfin Manlie a combattu :
Car violer les loix, & combattre contre elle,
C'est estre à ses progrez esgallement rebelle?
Mais quoy ne suis-je pas encor assez heureux
Pour pouuoir m'en venger, & les punir tous deux,
Et le sexe fatal , qui cause seul vn crime,
Me doit-il desrober vne iuste victime,
Faut-il que ce qui fait mon esprit irrité
Soit la seule raison de son impunité.

DECIA.

Quoy que ie sois suspecte à prendre sa deffence,
Qu'vne mesme action m'ordonne le silence,
Et qu'à venir icy i'aye eu mesme ferueur,
I'ose encor hazarder vn mot en sa faueur ;
Seigneur , si vous sçauiez ce que peut la nature,
Si vous en reteniés encor quelque teinture ,
Et si vous regardiez Manlie comme fils ,
Vous verriez qu'à sa sœur tout peut estre permis:
Quelle peut iusqu'icy venir sauuer vn frere,
Fleschir, & desarmer la vengeance d'vn pere,
Qu'en cette occasion tout obstacle est leger,
Qu'on songe à ce qu'on ayme, & non pas au danger,
Pour le mieux conceuoir reprenez sa tendresse.

TORQVATE.

Vers vn fils criminel elle n'est que foiblesse.
La nature en mon cœur n'a pas tant de pouuoir
Qu'elle ne se soumette & ne cede au deuoir.

Mais quoy que Manlia ne semble pas coupable,
Pouuez-vous vous montrer, ou vous rendre excu-
    sable?
Pourrez-vous entreprendre auec quelque pudeur,
Tout ce que l'amitié peut permettre à sa sœur,
Et quoy que Manlia soit iusqu'icy venuë:
L'amour vous obligeoit à plus de retenuë.

DECIA.

Ah Seigneur! que l'amour a d'autres sentimens?
Qu'elle a d'autres raisons, & d'autres mouuemens?
Qu'à la vouloir côbattre on montre d'impuissance,
Qu'elle se venge bien d'vn peu de resistance,
Qu'enfin qui s'est laissé surprendre à ses appas
S'opiniatre en vain à ne les suiure pas;
C'est elle qui m'a fait, pour conseruer Manlie,
Hazarder iusqu'icy mon honneur & ma vie,
Pour ne pas m'exposer en vain i'ay combattu,
Elle a pû triompher de ma propre vertu,
Et i'ay pû, me laissant conduire par ma flame,
Commettre vne action qui merite du blame;
I'ay failly ie l'auoüe, & dans mon desespoir
I'auois à suiure moins l'amour que le deuoir;
Mais enfin si l'amour m'a fait commettre vn crime,
Voyés du moins que c'est vn amour legitime;
Mon pere, & vous Seigneur, fites naistre mes feux,
Vous m'offrites Manlie & i'appreuuay ses vœux;
L'amour qui me domine auec tant de puissance
N'est que le pur effect de mon obeïssance,
Cette reflexion qui m'a fait consentir
A venir iusqu'icy, laisser Rome, & partir;
Fait que i'espere au moins, n'estant plus inconnu,
De sauuer vostre fils, sa grace m'estant deüe;
Vous me l'aués offert pour estre mon espoux,
Ie l'accepte Seigneur, il n'est donc plus à vous?

Vous ne le pouués plus destiner au suplice
Sans trahir vostre foy, sans me faire injustice;
Si vostre seul adueu fit captiuer mon cœur,
Si vous auez voulu luy choisir vn vainqueur;
Si ie pûs obtenir de mon obeïssance
D'accepter vostre choix sans nulle resistance;
Pourrez vous sans remords, pourrez vous iustement
Trahissant mon amour me rauir mon amant ;
Sans vous, sans vos auis, que i'ay trop voulu suiure,
Ou i'aymerois ailleurs, ou ie resterois libre :
Ainsi ie vous oblige à sauuer mon vainqueur,
A m'accorder sa grace, ou me rendre mon cœur.
TORQVATE.
Vostre cœur est à vous, disposés-en Madame :
Et faites en sortir vn amour trop infame;
Pour Manlie, il est vray, i'ay pû vous enflammer,
Mais c'estoit dans vn temps que vous pouuiés
            l'aymer,
Vostre amour maintenant seroit illegitime,
Aymant vn criminel on prend part à son crime:
Fuyés doncque de grace vn reproche eternel,
D'aymer vn scelerat, d'aymer vn criminel;
Vn moins indigne amant remplira mieux sa place,
Le crime qu'il a fait merite sa disgrace,
Si pour l'amour de moy vous receutes ses vœux,
Pour moy moins que pour vous desauoüés ses feux.
DECFA.
Voyés où me reduit l'excés de vostre zele,
Iusques à deuenir pariure, & infidele,
Voudriez-vous m'obliger à cette lacheté,
Voudriez-vous m'imposer cette necessité,
Voudriez-vous me regir auec tant d'injustice,
Croyez-vous que mon cœur selon vostre caprice,
Puisse tantost aymer, & tantost n'aymer pas,
Qu'il puisse à n'aymer plus treuuer mesmes appas,

Et qu'ayant ordonné nostre amour mutuelle,
Vous puissiez m'obliger à deuenir rebelle.

MANLIE.

Madame c'en est trop l'excez de ce bon-heur
Ne sçauroit maintenant qu'augmenter ma douleur
Estre chery de vous, & possedet vostre ame,
C'est l'vnique bon-heur où aspiroit ma flame :
Mais voyés le reuers de mon sort rigoureux,
Plus vous pouués m'aymer, plus ie suis malheu-
    reux ;
Il est beau d'estre aymé, mais i'aurois moins de
   peine
A mourir sans espoir, certain de vostre haine.

SCENE V.

TORQVATE, MANLIE,
MANLIA, DECIA, EMILE,
VN SOLDAT.

LE SOLDAT.

AH Seigneur ! l'ennemy vient de se faire voir ;
Du fonds de nostre camp on peut l'aperceuoir,
Nous ayant reconnus, il'appróche, il s'auance,
Et chacun pour combatre attend vostre presence.

TORQVATE.

Voicy le iour qui fist mon espoir le plus doux,
Allons Manlie, allons.

DECIA.

    Dieux ! où le menez-vous.

TORQVATE.
Vous le sçaurés tantost.
                    MANLIE.
                    Adieu dont ma Princesse.
                    DECIA.
Où vas-tu ?

                    MANLIE.
                    Pour mourir il faut que ie vous laisse.
                    DECIA.
Que dis-tu malheureux.
                    MANLIE.
                    Ne le voyez-vous pas.
                    DECIA.
Ma mort suiura la tienne, & ie cours au trespas.
                    TORQVATE.
Soldat, auecque soin gardés-les dans ma tente,
Vous vous donnez peut estre vne vaine espouuente,
Et vous verrez peut-estre à la fin de ce iour,
Aprés tant de trauaux couronner vostre amour.
                    DECIA.
Ah Seigneur ! quelle grace : ah Manlie !
                    MANLIA.
                    Ah mon frere !
Quel bon-heur est le mien d'auoir fleschy mõ pere,
Lors que pour vostre grace il n'estoit plus d'espoir
Qu'il m'est doux d'esperar encor de vous reuoir.
                    MANLIE.
Mon pere vous deçoit, ce n'est qu'vn artifice,
Et ie connois assez qu'on me meine au suplice.
Faites-vous ie vous prie vn genereux effort
Resistés à ce coup & suportés ma mort :
Adieu ma chere sœur, adieu donc ma chere ame,
Viués & conseru+és les restes de ma flâme.
                    Il s'en va, Emille le suit.

SCENE VI.

MANLIA, DECIA,

VN SOLDAT *qui se retira*

DECIA.

Cruel ! viure sans toy, Dieux apres ton trespas
Pourray-je à viure encor trouuer quelques
    appas ?
Pourray je conseruer vne mourante vie ?
Pourray je voir le iour sans voir mon cher Manlie,
Parle encore cruel, dis que m'ordonne-tù ?
Ay-je si peu d'amour, ay-je assés de vertu
Pour apprendre ta perte, & pour ne te pas suiure,
Sçauoir que tu n'és plus, & vouloir encor viure,
Ingrat si tu pouuois aymer autant que moy,
Tu ne m'eusses iamais imposé cette loy ?

     à Manlia.

Helas ! ma chere sœur voicy le iour funeste
Qui doit de nos malheurs descouurir tout le reste,
Nous apprendrons bien-tost quelle en ser a la fin,
Qui va dans vn moment regler nostre destin.

      MANLIA.

Ie l'auoüe ma sœur que i'en crains la nouuelle,
Qui malgré nostre espoir va nous estre mortelle,
Car ie croy que mon pere a pour nous retenir
Promis grace â Manlie, & qu'il l'ayt fait punir,
Ah ! combien de soupirs nous coustera mon frere,
Que nous aura rauy l'injustice d'vn pere !

LA MORT

DECIA.

Helas !

MANLIA.

Ie perds mon frere, & le mesme moment,
Pour comble de malheur, me rauit mon amant :
Amant iusqu'à ce iour ingrat iusqu'à l'extresme,
Qui m'aymeroit pourtãt s'il sçauoit que ie l'ayme,
Luy cachant mon amour, mes soupirs, & mes pleurs
I'ay fait qu'il vous adore & qu'il soupire ailleurs :
Si pourtant il respire, & que sa perfidie
Ne l'ait pas obligé de prodiguer sa vie.

DECIA.

Tulle respire encor.

MANLIA.

Ma sœur iugez en mieux,
L'on l'eust veu dés tantost se montrer à vos yeux,
I'ay long-temps attendu qu'il vint vous rendre
    hommage,
Pour le voir, & du moins tirer cét auantage ;
Voyés où me reduit mon espoir le plus doux,
A voir Tulle à vos pieds, & Tulle à vos genoux,
Vous faire cent sermens d'vne amour eternelle,
Et se rendre à mes vœux execrable, & rebelle,
Ie vois pourtant trahir ce miserable espoir,
Et mesme en cét estat ie ne le sçaurois voir.

DECIA.

Vous vous donnés ma sœur d'inutiles alarmes,
Gardés au malheureux ces soupirs, & ces larmes,
Tulle reste sans doute, il voit encor le iour,
Et vous pourriez le voir sensible à vostre amour.

DE MANLIE

SCENE VII.

MANLIA, DECIA,
EMILE.

EMILE.

AH Madame ! ah Madame !
DECIA.
O discours trop funeste,
Tu n'as que trop parlé, i'entends assez le reste :
O rage ! ô desespoir ! venez à mon secours,
Me ioindre à mon amant, & terminer mes iours,
Manlie ne vit plus, l'injustice d'vn pere,
Vient de me le rauir, & de se satisfaire.
EMILE.
De grace encor vn mot.
MANLIA.
Parle, excite nos pleurs,
Nous faisant le recit du plus grand des malheurs.
EMILE.
à Decia.
Vous ne sçauez pas tout : helas ! helas Madame !
Quel trouble mon discours va causer dans vostre
     ame,
Si vous deués sçauoir que le mesme moment
Vous rauit vostre pere, auecque vostre amant.
DECIA *se laissant aller sur Emile.*
Ouy ce coup est mortel, & ma force me laisse.
EMILE.
Aprochez, elle meurt.
LE SOLDAT.
Ce n'est qu'vne foiblesse,

LA MORT

MANLIA.

Puis que rien desormais ne peut nous secourir,
Allons, allons chercher des moyens pour mourir.
Elle s'en va.

DECIA *reuenant.*

O Destin rigoureux ! ô Ciel impitoyable !
Qui punis l'innocent auecque le coupable ?
Mais mon pere estant mort, Manlie n'estant plus,
Ie m'abuse à former des discours superflus ?
Ah prestez-moy ce fer ! vous resistez Emile ?

EMILE *se reculant.*

Madame cét effort vous seroit inutile,
Ie sçay ce que ie dois, le coup seroit trop noir,
D'auoir presté ce fer à vostre desespoir.

DECIA.

Croy-tu donc que ie puisse encor rester en vie,
Ne pouuant plus y voir mon pere ny Manlie.

EMILE.

Ouy, ouy vous deués viure, & montrer plus de
    coeur,
Et faire teste enfin à ce dernier malheur :
Si vous nommés malheur vne mort volontaire
Qui vient d'éterniser le nom de vostre pere ;
Il vient de s'immoler pour sauuer son païs,
Et de se déuouer auec ses ennemis ?
Ayant sceu que les Dieux veulent en sacrifice
Le Chef d'vn des partis, & que l'autre perisse,
Pouuoit-il esperer vn plus illustre sort ?
Pouuoit-il souhaitter vne plus belle mort ?
Elle est si glorieuse, & si digne d'enuie,
Que chacun à ce prix prodigueroit sa vie ;
Poussez moins de soûpirs, & plaignez seulement
Parmy tant de malheurs, la mort de vostre amant.

DECIA.

DECIA.

As tu veu son trespas?

EMILE.

Ouy ie l'ay veu Madame,
Ouy i'ay veu de son corps separer la belle ame:
Ie l'ay suiui tousiours, & plus tremblant que luy
I'ay veu de nos Romains perir ce ferme appuy;
A peine approchions-nous du lieu de son suplice,
Que son pere inhumain ordonne qu'il perisse,
S'y employe luy-mesme, & d'vn courage egal
L'Illustre criminel attend le coup fatal,
Contemple quelque temps le maintien de l'armée,
Qu'il voit en deüil, en pleurs, en regrets consumée,
Cet objet l'attendrit, i'en vois fremir son cœur
Qu'on voyoit insensible à son propre malheur:
Il exorte vn chascun, il auciie son crime,
Fait voir son pere iuste, & sa mort legitime,
Lors insensiblement portant ses yeux sur moy,
Il me iette vn regard plein d'amour, & d'effro
Emile (me dit-il) si tu me fus fidelle,
Si tu me pûs iamais tesmoigner quelque zele:
Sois tesmoin de ma mort, & ne t'expose pas,
Sans reuoir ma Princesse au hazard du trepas,
En toy seul ie remets cét espoir qui me reste,
Apprends luy de ma mort la nouuelle funeste:
Cours auant le combat, de ce malheureux lieu,
Luy porter mes soûpirs, & mon dernier adieu,
Qu'elle viue... A ce mot sa teste separée
Pronnonce vne parole à peine articulée,
Et malgre de cent cris vne confusion,
Chascun entendit bien que c'estoit vostre nom.

DECIA.

Ah trop fidele amant! qu'elle est ma negligence,
Puis-ie ne te puis pas suiure, & souffrir ton ab-
    sence;

Non, ie vay te rejoindre, & te venger ſur moy
Du temps que iuſqu'icy i'ay veſcu plus que toy:
Mourons donc ſans pouſſer vne plainte inutile,
Mais ſçachons tout le reſte, acheue donc Emile,
Dis ce qu'à fait Torquate, & ſi ſans repentir
Il a pû de ſon fils voir le dernier ſoûpir.

EMILE.

Il le voit d'vn œil ſec, ſa rage perſeuere,
Et l'on l'eut plutoſt crû ſon bourreau que ſon pere,
Il gouſte auec plaiſir pour fruict de ſon courroux
Tout ce que la vengeance a iamais eu de doux:
Contemple de ſon fils la teſte ſeparée,
Et croit à peine encor ſa ruine aſſeurée,
Tant il auoit voulu ſe venger par ſa mort,
Et touſiours auoit craint d'y faire vn vain effort.
L'on entend cependant quelques cliquetis d'armes,
Qui donnent dans le camp de nouuelles allarmes,
L'on tourne du coſté que s'eſleue ce bruit,
L'on voit fuir des ſoldats qu'vn ſeul homme
　　　pourſuit,
Ce Guerrier inconnu, que nul danger n'eſtonne,
Fait main-baſſe par tout, & n'eſpargne perſonne,
Plus viſte qu'vn eſclair il pouſſe iuſqu'à nous:
A peine ſe peut-on guarentir de ſes coups;
L'on y voit tellement redoubler ſa furie
Qu'aux pieds de l'eſchaffaut pluſieurs tombent
　　　ſans vie?
Là voyant le Conſul des ſiens abandonné,
Torquate (luy dit-il) ceſſe d'eſtre eſtonné,
Ie venge de ton fils l'injuſte ſacrifice,
Sur ceux qui laſchement ont ſouffert ſon ſuplice;
Il viuroit, ſi i'auois eſté dedans ces lieux,
Tu ne l'euſſes iamais fait mourir à mes yeux:
Mais puis que les Romains ont pû ſans reſiſtance
Sans meſme en murmurer ſouſcrire à ta vengeance

Ils pourront à loisir esprouuer dans ce jour
Si de leur lascheté ie me venge à mon tour ?
A ces mots redoublant sa force, & son courage,
Il pousse dans nos rangs, s'y presse, & s'y engage,
Immole le soldat, qui cede sans effort,
Et par sa lascheté croit meriter la mort ;
Chacun à sa fureur abandonne sa vie,
Et voudroit par son sang pouuoir venger Manlie ;
Torquate quelque temps interdit, & confus,
Veut en vain commander où nul ordre n'est plus ;
Mais il exhorte tant, qu'apres vn grand carnage,
Le nombre fait enfin ceder ce grand courage ;
Il tombe donc sans vie, & Torquate vengé,
Veut d'abord descouurir qui l'a tant outragé,
Luy fait hausser le casque, & voit auec colere,
Que Tulle auoit esté ce noble temeraire.

DECIA.

Apprenant d'vn Riual la generosité
Ay-je pour viure encor assez de lascheté ?
Non, non, il faut enfin finir mon infortune ;
Prestez-moy vostre fer, ce refus m'importune ;
Si vous vous obstinez à ne m'obeïr pas,
Ie sçais d'autres moyens à chercher le trespas.

FIN DV CINQVIESME

& dernier Acte.